Les Métamorphoses du calcul

Gilles Dowek

Les Métamorphoses du calcul

Une étonnante histoire de mathématiques

Éditions
Le Pommier

ISBN 2-7465-0324-3
239 rue Saint-Jacques 75005 Paris
www.editions-lepommier.fr

À Gérard Huet

Merci à Pablo Arrighi, Sophie Bancquart, Jacques Deschamps, Joëlle Fouéré, Sophie Le Callennec, Guiseppe Longo, Alexandre Miquel, Thierry Paul et Benjamin Werner, qui ont bien voulu relire certaines parties de ce livre.

Sommaire

INTRODUCTION

Les mathématiques à la conquête de nouveaux espaces

On l'a beaucoup dit, le siècle qui vient de s'achever a été le véritable âge d'or des mathématiques : les mathématiques se sont davantage développées au cours du XXe siècle que pendant l'ensemble des siècles qui l'ont précédé. Il est probable, cependant, que le siècle qui s'ouvre sera tout aussi exceptionnel pour les mathématiques : un siècle au cours duquel elles se métamorphoseront autant, si ce n'est davantage, qu'au XXe siècle. L'un des signes qui nous invitent à le penser est une transformation progressive, depuis le début des années soixante-dix, de ce qui constitue le socle même de la méthode mathématique : la notion de démonstration. Et cette transformation remet sur le devant de la scène un concept mathématique ancien, mais quelque peu négligé : celui de calcul.

L'idée que le calcul puisse être la clé d'une révolution peut sembler paradoxale. Les algorithmes qui permettent, par exemple, d'effectuer des additions et des multiplications sont souvent perçus comme une partie élémentaire du savoir mathématique, et effectuer ces calculs est souvent perçu comme une activité peu créative et ennuyeuse. Les mathématiciens ne sont eux-mêmes pas sans préjugés à l'égard du calcul, comme René Thom qui déclarait : « Une grande partie de mes affirmations relève de la pure spéculation ; on pourra sans doute les traiter de rêveries. J'accepte la qualification. [...] Au moment où tant de savants calculent de par le monde, n'est-il pas souhaitable que d'aucuns, s'ils le peuvent, rêvent ? » Tenter de faire rêver avec le calcul constitue donc sans doute un défi...

Ce préjugé à l'encontre du calcul se retrouve malheureusement jusque dans la définition même de la notion de démonstration mathématique. Depuis Euclide, on définit, en effet, une démonstration comme un raisonnement, construit à l'aide d'axiomes et de règles de déduction. Mais résoudre un problème mathématique demande-t-il uniquement de construire un raisonnement ? La pratique des mathématiques ne nous a-t-elle pas plutôt appris que cela demande une subtile articulation d'étapes de raisonnement et d'étapes de calcul ? En se restreignant au raisonnement, la méthode axiomatique propose sans doute une vision restreinte des mathématiques. Et c'est précisément par la critique de cette méthode axiomatique trop restrictive que le calcul réapparaît dans les mathématiques. Plusieurs travaux, non toujours connectés les uns aux autres, remettent progressivement en cause cette prééminence du raisonnement sur le calcul, pour proposer une vision plus équilibrée dans laquelle l'un et l'autre jouent des rôles complémentaires.

Cette révolution, qui nous amène à repenser les rapports entre le raisonnement et le calcul, nous pousse également à repenser le dialogue entre les mathématiques et les sciences de la nature, telles la physique ou la biologie, en particulier la vieille question de la déraisonnable efficacité des mathématiques dans ces sciences, ainsi qu'une question plus récente relative à la forme logique des théories de la nature. Elle éclaire également d'une lumière nouvelle certains concepts philosophiques, comme ceux de jugement analytique et synthétique. Elle nous amène aussi à nous interroger sur les liens entre les mathématiques et l'informatique, et sur la singularité des mathématiques, qui semblent l'unique science à ne pas utiliser d'instruments.

Enfin – et c'est certainement le plus intéressant –, elle nous laisse entrevoir de nouvelles manières de résoudre des problèmes mathématiques, qui s'affranchissent des limites arbitraires que la technologie du passé a imposées à la taille des démonstrations : les mathématiques sont peut-être en train de partir à la conquête d'espaces jusqu'alors inaccessibles.

Naturellement, cette crise de la méthode axiomatique n'est pas sortie de rien. Elle était annoncée, depuis la première moitié du XXe siècle, par des signes précurseurs, en particulier par le développement de deux théories qui, sans remettre en cause la méthode axiomatique, ont contribué à redonner une certaine place au calcul au sein de l'édifice mathématique : la théorie de la calculabilité et la théorie de la constructivité. Ce récit de la crise de la méthode axiomatique sera donc précédé d'une histoire de ces deux notions. Mais, auparavant, partons à la recherche des origines de cette notion de calcul, dans la lointaine Antiquité, et intéressons-nous à l'« invention » des mathématiques par les Grecs.

I
Une origine ancienne

CHAPITRE I

De la préhistoire des mathématiques aux mathématiques grecques

Le récit de l'histoire des mathématiques commence souvent en Grèce au ve siècle avant notre ère, quand Pythagore, d'un côté, Thalès et Anaximandre, de l'autre, ont fondé les deux principales branches des mathématiques antiques : l'arithmétique et la géométrie. La fondation de l'arithmétique et de la géométrie constitue, certes, une révolution majeure dans l'histoire des mathématiques. Cependant, le récit ainsi commencé occulte une période importante que l'on peut appeler la « préhistoire » des mathématiques. Les hommes n'ont, en effet, pas attendu le ve siècle avant notre ère pour tenter de résoudre les problèmes mathématiques, surtout les problèmes mathématiques concrets, qui se posaient à eux.

Les comptables et les arpenteurs

L'une des plus anciennes traces d'activité « mathématique » consiste en une tablette trouvée en Mésopotamie qui date de 2500 avant notre ère. Elle présente le calcul du nombre de personnes auxquelles on peut donner 7 mesures de grain, en puisant dans un grenier qui en contient 1 152 000. Sans surprise, le résultat, 164 571 personnes, s'obtient en divisant 1 152 000 par 7. Les comptables mésopotamiens savaient donc faire des divisions, bien avant la « naissance » de l'arithmétique. Il est même vraisemblable, quoiqu'il soit difficile d'avoir des certitudes en ce domaine, que l'écriture ait été inventée précisément pour tenir des livres de comptes et que les chiffres soient, de ce fait, antérieurs aux lettres. Même si certains ont du mal à l'admettre, nous devons probablement l'ensemble de la culture écrite à la bien peu romantique profession de comptable.

Outre des multiplications et des divisions, les comptables mésopotamiens et égyptiens savaient effectuer de nombreux autres calculs, comme résoudre certaines équations du second degré. Et les arpenteurs savaient calculer les aires de rectangles, de triangles, de disques...

L'irruption de l'infini

Ces techniques développées par les comptables et les arpenteurs constituent donc une préhistoire de l'arithmétique et de la géométrie. Que s'est-il donc passé de si spécial en Grèce, au ve siècle avant notre ère, pour justifier que l'on fasse démarrer l'histoire à ce moment et non à un autre ? Pour tenter de le comprendre, prenons l'exemple d'un problème résolu par un disciple de Pythagore dont le nom ne nous est pas parvenu : trouver un triangle rectangle et isocèle dont les trois côtés mesurent un nombre entier d'unités, disons un nombre entier de mètres. Comme le triangle est isocèle, ses deux petits côtés ont la même longueur, appelons-la x, et appelons y la longueur du grand côté, l'hypoténuse. Comme le triangle est rectangle, le nombre y^2 est, d'après le théorème de Pythagore, égal à $x^2 + x^2$. Le problème se ramène donc à celui de trouver deux nombres entiers x et y tels que $2 \times x^2$ soit égal à y^2. Essayons toutes les possibilités dans lesquelles les nombres x et y sont inférieurs à 4 :

x	y	$2 \times x^2$	y^2
1	1	2	1
1	2	2	4
1	3	2	9
1	4	2	16
2	1	8	1
2	2	8	4
2	3	8	9
2	4	8	16
3	1	18	1
3	2	18	4
3	3	18	9
3	4	18	16
4	1	32	1
4	2	32	4
4	3	32	9
4	4	32	16

Dans tous ces cas, le nombre $2 \times x^2$ est différent de y^2. On peut poursuivre la recherche avec des nombres plus grands, et les pythagoriciens ont vraisemblablement cherché longtemps une solution à ce problème sans en trouver. Puis ils ont fini par se persuader qu'une telle solution n'existait pas. Comment ont-ils pu se convaincre que cette solution n'existait pas ? Naturellement pas en essayant tous les couples de nombres l'un après l'autre, car il en existe une infinité. On pourrait vérifier qu'aucun couple de nombres n'est une solution, jusqu'à mille, ou même jusqu'à un million, rien n'assurerait, avec certitude, qu'il n'existe pas de solution au-delà...

Essayons de reconstituer un cheminement possible de la pensée des pythagoriciens pour parvenir à ce résultat.

Tout d'abord, quand on cherche une solution à ce problème, on peut se limiter à chercher une solution telle qu'au moins l'un des nombres x et y soit impair, car si le couple $x = 202$, $y = 214$, par exemple, était une solution, alors, en divisant les deux nombres par 2, on obtiendrait une autre solution, $x = 101$, $y = 107$, dont au moins l'un des nombres est impair. Plus généralement, en partant d'une solution quelconque et en divisant les deux nombres par 2, éventuellement plusieurs fois, on finirait par obtenir une solution dans laquelle au moins l'un des nombres est impair. Si le problème avait une solution, il en aurait donc également une dans laquelle l'un des nombres x et y est impair.

La seconde idée est de classer les couples de nombres en quatre ensembles :

– les couples dans lesquels les deux nombres sont impairs,

– ceux dans lesquels le premier nombre est pair et le second impair,

– ceux dans lesquels le premier nombre est impair et le second pair,

– et enfin ceux dans lesquels les deux nombres sont pairs.

Muni de ces deux idées, on peut montrer, par quatre arguments séparés, qu'aucun de ces ensembles ne contient de solution dans laquelle au moins l'un des nombres x et y est impair, donc que le problème n'a pas de solution dans laquelle au moins l'un des nombres est impair, donc que le problème n'a pas de solution du tout.

Commençons par le premier ensemble : une solution dans laquelle x et y sont l'un et l'autre impairs est impossible, car si le nombre y est impair, le nombre y^2 l'est également et il n'a aucune chance d'être égal à $2 \times x^2$, nécessairement pair. Cet argument permet aussi d'éliminer le deuxième cas, dans lequel x est pair et y impair. Le quatrième cas s'élimine de lui-même car, par définition, il ne peut pas contenir de couple dans lequel au moins l'un des nombres est impair. Reste le troisième, dans lequel x est impair et y est pair. Mais dans ce cas, la moitié de $2 \times x^2$ est impaire, alors que celle de y^2 est paire : ces deux nombres ne peuvent pas être égaux.

Ce résultat – un carré ne peut être le double d'un autre carré –, obtenu par les pythagoriciens il y a plus de vingt-cinq siècles, tient encore aujourd'hui une place importante dans les mathématiques. Il montre que, quand on dessine un triangle rectangle isocèle dont le petit côté mesure 1 m, la longueur de l'hypoténuse, mesurée en mètres, est un nombre, $\sqrt{2}$, qui vaut un peu plus de 1,414, mais qui ne peut pas être obtenu en divisant deux nombres entiers y et x l'un par l'autre. La géométrie fait donc apparaître des nombres que l'on ne peut pas obtenir à partir des nombres entiers avec les quatre opérations : l'addition, la soustraction, la multiplication et la division.

Cette remarque a amené, plusieurs siècles plus tard, les mathématiciens à construire de nouveaux nombres, les « nombres réels », mais les pythagoriciens ne sont pas allés jusque-là : ils n'étaient pas prêts à abandonner le caractère central qu'ils supposaient aux nombres entiers, et ils ont plutôt vécu leur découverte comme une catastrophe que comme une incitation à aller plus loin.

Ce problème n'est pas uniquement révolutionnaire par ses implications pour les mathématiques futures. Il l'est aussi par sa nature et par la méthode employée pour le résoudre. Tout d'abord, par comparaison avec celui de la tablette mésopotamienne qui consiste à diviser 1 152 000 mesures de grain par 7 mesures, le problème des pythagoriciens est plus abstrait. Celui des Mésopotamiens concerne des nombres de mesures de grain, celui des pythagoriciens concerne des nombres tout court. De même, dans sa forme géométrique, le problème ne concerne pas une surface agricole triangulaire, mais un triangle. Cette étape d'abstraction, qui consiste à passer du champ triangulaire au triangle ou du nombre de mesures de grain au nombre, est moins anodine qu'il n'y paraît. En effet, la surface d'un champ ne peut pas dépasser quelques kilomètres carrés. Si le problème concernait un champ triangulaire, et non un triangle abstrait, on pourrait le résoudre en essayant toutes les solutions dans lesquelles x et y sont inférieurs à 10 000. Or, à la différence d'un champ triangulaire, rien n'empêche un triangle de mesurer un million ou un milliard de kilomètres carrés.

La grande révolution du Ve siècle avant notre ère consiste donc en la distance mise entre les objets mathématiques, qui sont abstraits, et les objets concrets de la nature, même quand les objets mathématiques sont construits par abstraction à partir des objets concrets.

Cette distance entre les objets mathématiques et les objets de la nature a incité certains à penser que les mathématiques ne permettaient pas de décrire les objets de la nature. Cette thèse est restée vivace jusqu'à l'époque de Galilée, c'est-à-dire jusqu'au début du XVIIe siècle, où elle a été balayée par les succès de la physique mathématique. Elle est encore présente, à l'état résiduel, dans certains discours qui dénient toute pertinence aux mathématiques dans le domaine des sciences humaines. Ainsi, selon Marina Yaguello, le rôle des mathématiques en linguistique est de « déguise[r] son complexe de "science humaine", donc fondamentalement inexacte, sous des formules ».

Ce changement dans la nature des objets étudiés – qui, depuis cette révolution, sont des figures géométriques et des nombres sans relation nécessaire avec les objets concrets – a amené une révolution dans la méthode utilisée pour résoudre les problèmes mathématiques. Encore une fois, comparons la manière de résoudre les problèmes de la tablette mésopotamienne et des pythagoriciens. Le premier est résolu en effectuant un calcul : une simple division. Pour résoudre le second, en revanche, il est nécessaire de construire un raisonnement.

Pour faire une division, il suffit d'appliquer un algorithme, que l'on apprend à l'école primaire et dont les Mésopotamiens connaissaient des analogues. Mais, pour construire le raisonnement des pythagoriciens, aucun algorithme connu ne prescrit de classer les couples en quatre ensembles. Les pythagoriciens ont dû faire preuve d'imagination pour parvenir à cette idée. On peut penser qu'un premier pythagoricien a compris que le nombre y ne pouvait pas être impair puis, quelques semaines ou quelques mois plus tard, un autre a fait progresser le problème en découvrant que x non plus ne pouvait être impair. Et puis le problème est peut-être resté bloqué là pendant des mois ou des années avant qu'un autre trouve encore une idée. Quand un Mésopotamien attaque une division, il sait qu'il va aboutir et il peut même évaluer *a priori* le temps que cette division lui prendra. En revanche, quand un pythagoricien attaque un problème d'arithmétique, il ne peut pas savoir combien de temps il mettra pour trouver un raisonnement qui permette de le résoudre, ni même s'il en trouvera un un jour.

Les écoliers se plaignent parfois que les mathématiques sont difficiles : il faut avoir de l'imagination, il n'existe pas de méthode systématique pour résoudre les problèmes. Ils ont raison, et les mathématiques sont encore plus difficiles pour les mathématiciens professionnels : certains problèmes sont restés sans solution pendant des décennies, voire des siècles, avant que quelqu'un les résolve. Il n'y a rien d'extraordinaire à « sécher » longtemps sur un problème mathématique : les mathématiciens eux aussi « sèchent », parfois longtemps, avant de résoudre un problème. En revanche, on n'imagine pas de « sécher » des heures sur une division, puisqu'il suffit d'appliquer l'algorithme bien connu.

Comment ce changement dans la nature des objets étudiés a-t-il amené ce changement dans la méthode utilisée pour résoudre les problèmes – ce passage du calcul au raisonnement, qui caractérise les mathématiques grecques ? Qu'est-ce qui fait que le problème des pythagoriciens ne peut pas être résolu par un calcul ? Comparons-le encore une fois au problème de la tablette mésopotamienne. Ce dernier concerne un objet particulier, un grenier rempli de grain, dont la taille est connue. Dans le problème des pythagoriciens, en revanche, le triangle n'est pas connu : c'est ce que l'on cherche. Ce problème ne concerne donc pas un triangle particulier mais, potentiellement, tous les triangles possibles. En outre, comme il n'existe pas de limite à la taille d'un triangle, le problème concerne simultanément une infinité de triangles. Ce changement dans la nature des objets mathématiques s'accompagne donc d'une irruption de l'infini dans les mathématiques : c'est cette irruption qui a rendu un changement de méthode nécessaire et a demandé de substituer le raisonnement au calcul. Comme on l'a déjà remarqué, si le problème ne concernait qu'un nombre fini de triangles, par exemple tous les triangles dont les côtés mesurent moins de 10000 m, on pourrait s'en tirer par un calcul qui consisterait à essayer tous les couples de nombres jusqu'à 10000. Ce calcul serait, certes, laborieux si on le faisait à la main, mais il serait systématique.

Ce passage du calcul au raisonnement a été retenu comme l'acte de naissance des mathématiques, en Grèce, au ve siècle avant notre ère.

Les premières règles de raisonnement : les philosophes et les mathématiciens

Qu'est-ce donc qu'un raisonnement ? Si l'on sait que tous les écureuils sont des rongeurs, que tous les rongeurs sont des mammifères, que tous les mammifères sont des vertébrés et que tous les vertébrés sont des animaux, on peut en déduire que tous les écureuils sont des animaux. Un raisonnement, parmi d'autres, qui permet d'arriver à cette conclusion consiste à déduire successivement que tous les écureuils sont des mammifères, puis que tous les écureuils sont des vertébrés et, enfin, que tous les écureuils sont des animaux.

Ce raisonnement est simple à l'extrême, mais sa structure ne diffère pas fondamentalement de celle d'un raisonnement mathématique. Dans les deux cas, le raisonnement est formé d'une suite de propositions dans laquelle chaque proposition découle logiquement des précédentes, c'est-à-dire est construite par une « règle de déduction ». Dans ce cas, on applique la même règle trois fois. Cette règle permet, si l'on sait déjà que tous les *Y* sont des *X* et que tous les *Z* sont des *Y*, de déduire que tous les *Z* sont des *X*.

On doit aux philosophes grecs les premiers recensements des règles de déduction, qui permettent de progresser dans les raisonnements, c'est-à-dire de déduire une nouvelle proposition de propositions avérées. Par exemple, on doit la règle précédente à Aristote qui a proposé une liste de règles qu'il a appelées « syllogismes ». Une deuxième forme de syllogisme introduit des expressions de la forme : « certains... sont des... » et permet, si l'on sait déjà que tous les *Y* sont des *X* et que certains *Z* sont des *Y*, de déduire que certains *Z* sont des *X*.

Aristote n'est pas le seul philosophe de l'Antiquité à s'être intéressé aux règles de déduction. Les stoïciens, au IIIe siècle avant notre ère, ont proposé d'autres règles, par exemple une règle qui permet de déduire la proposition *B* des propositions « si *A* alors *B* » et *A*.

Ces deux tentatives de recensement des règles de déduction sont contemporaines du développement de l'arithmétique et de la géométrie grecques, après la révolution méthodologique qu'a constituée le passage du calcul au raisonnement. On pourrait donc s'attendre à ce que les mathématiciens grecs se soient appuyés sur la logique d'Aristote ou sur celle des stoïciens pour formuler leurs raisonnements. Par exemple, à ce que la démonstration du fait qu'un carré ne peut pas être le double d'un autre ait été construite comme une suite de syllogismes. Bizarrement, ce n'est pas le cas, malgré la claire unité de projet entre les philosophes et les mathématiciens grecs. Par exemple, Euclide, au IIIe siècle avant notre ère, a synthétisé les connaissances de la géométrie de son époque dans un traité et organisé ce traité d'une manière déductive en donnant un raisonnement pour démontrer chaque chose qu'il affirmait, sans utiliser ni la logique d'Aristote ni celle des stoïciens pour formuler ces raisonnements.

On peut avancer plusieurs hypothèses pour expliquer cela. L'explication la plus vraisemblable est que les mathématiciens n'ont pas utilisé la logique d'Aristote ou celle des stoïciens parce qu'elles étaient trop frustes. La logique des stoïciens permet de raisonner avec des propositions de la forme « si *A* alors *B* », les entités *A* et *B* étant des propositions qui expriment un fait simple, comme « Socrate est mortel » ou « il fait jour », que l'on appelle des « propositions atomiques ». Les propositions de la logique stoïcienne sont donc des propositions atomiques reliées entre elles par des conjonctions « si... alors », « et », « ou »... C'est une conception très pauvre du langage dans laquelle il n'y a que deux catégories grammaticales : les propositions atomiques et les conjonctions. Elle ne prend pas en compte le fait qu'une proposition atomique – comme « Socrate est mortel » – se décompose en un sujet – Socrate – et un prédicat ou attribut – mortel.

La logique d'Aristote, contrairement à la logique des stoïciens, donne une place à la notion de prédicat : les expressions *X*, *Y*, *Z* qui apparaissent dans les raisonnements sont précisément des prédicats : écureuil, rongeur, mammifère... En revanche, la logique d'Aristote ne comporte pas de « noms propres », c'est-à-dire de symboles pour désigner des individus ou des objets, comme « Socrate », car, pour Aristote, la science ne concerne pas les individus particuliers, comme Socrate, mais uniquement les notions générales comme « homme », « mortel »... Ainsi, le syllogisme souvent donné en exemple « Tous les hommes sont mortels, Socrate est un homme, donc Socrate est mortel » n'a pas sa place dans la logique d'Aristote. Pour lui, le syllogisme est: « Tous les hommes sont mortels, tous les philosophes sont des hommes, donc tous les philosophes sont mortels. » Les propositions ne sont donc pas formées, dans la logique d'Aristote, avec un sujet et un prédicat, mais avec deux prédicats et un pronom indéfini « tous » ou « certains ». L'extension de la logique d'Aristote avec des symboles d'individus, tel le nom propre « Socrate », ne date que de la fin du Moyen Âge. Mais, même ainsi étendue, la logique d'Aristote reste trop fruste pour exprimer certains énoncés mathématiques: avec le symbole d'individu « 4 » et le prédicat « pair », on peut, certes, former la proposition « 4 est pair », mais il n'y a pas de moyen de former la proposition « 4 est inférieur à 5 », dans laquelle le prédicat « est inférieur à » ne s'applique pas à un seul objet, comme le prédicat « pair », mais à deux objets, « 4 » et « 5 », qu'il met en relation. Pour la même raison, il n'est pas possible de former la proposition « la droite *D* passe par le point *A* ».

On comprend pourquoi les mathématiciens grecs n'ont pas utilisé les logiques proposées par les philosophes de leur époque pour formuler les raisonnements de l'arithmétique et de la géométrie naissante: parce que ces logiques n'étaient pas assez riches pour le permettre. Pendant très longtemps, ce problème de construire une logique suffisamment riche pour formuler les raisonnements mathématiques ne semble pas avoir intéressé grand monde. En dehors de quelques tentatives, comme celle de Gottfried Wilhelm Leibniz, au XVIIe siècle, ce n'est qu'à la fin du XIXe siècle, en 1879, que Gottlob Frege a repris le problème et proposé une première logique. Cette entreprise ne s'est, cependant, concrétisée qu'avec la théorie des types d'Alfred North Whitehead et Bertrand Russell dans les années mille neuf cents, puis la logique des prédicats de David Hilbert dans les années vingt.

Mais revenons aux mathématiques grecques. Le fait de ne pas disposer de règles de déduction explicites pour construire les raisonnements mathématiques n'a pas empêché les mathématiques de se développer. Simplement, jusqu'au XIXe siècle, la grammaire des propositions mathématiques et les règles de déduction sont restées implicites. Cette situation est fréquente dans l'histoire des sciences : quand un outil manque, on se débrouille en bricolant, et ces bricolages anticipent souvent la construction de l'outil à venir.

En revanche, au moins dans le cas de la géométrie, les axiomes, c'est-à-dire les faits que l'on admet sans démonstration et à partir desquels on construit les démonstrations, ont été rendus explicites dès Euclide. En particulier le célèbre axiome des parallèles, dont nous aurons l'occasion de reparler, qui, dans une forme modernisée, s'exprime ainsi : par un point extérieur à une droite, il passe une et une seule droite parallèle à la première.

Le traité d'Euclide, les *Éléments*, resta pendant longtemps le prototype de la méthode mathématique : on pose des axiomes et, à partir de ces axiomes, on démontre des théorèmes, grâce à des règles de déduction, explicites ou implicites. Dans cette vision, seul le raisonnement permet de résoudre un problème mathématique, ce qui reflète l'importance que les Grecs, mathématiciens et philosophes, accordaient au raisonnement.

On pourrait penser que les mathématiciens grecs, découvrant avec la méthode axiomatique une nouvelle sorte de mathématiques, ont cherché à comprendre comment cette nouvelle sorte de mathématiques prolongeait les mathématiques plus anciennes des Mésopotamiens et des Égyptiens. S'ils l'avaient fait, cela les aurait amenés à chercher à comprendre comment articuler le calcul et le raisonnement. Mais ce n'est pas ce qu'ils ont cherché à faire : au contraire, ils ont fait table rase du passé et abandonné le calcul pour le remplacer par le raisonnement.

De ce fait, après les Grecs, le calcul a à peine eu une petite place dans l'édifice mathématique.

CHAPITRE II

Deux mille ans de calcul

Après l'adoption de la méthode axiomatique, le raisonnement a souvent été présenté comme l'unique outil à utiliser pour résoudre un problème mathématique. Dans le discours qu'ils ont tenu sur leur science, les mathématiciens n'ont quasiment plus accordé de place au calcul. Le calcul n'a pourtant pas disparu de la pratique mathématique : à toutes les époques, les mathématiciens ont proposé de nouveaux algorithmes pour résoudre systématiquement certains types de problèmes. L'histoire des mathématiques a donc sa part lumineuse, celle des conjectures, des théorèmes et des démonstrations, et sa part d'ombre, celle des algorithmes.

Ce chapitre est consacré à trois moments de cette histoire. Ces trois moments, qui se situent à des époques différentes, nous amèneront à discuter différentes questions.

Le premier nous amènera à nous interroger sur la manière dont peut se résoudre l'apparente contradiction entre le discours sur les mathématiques, qui accorde peu de place au calcul, et la pratique mathématique, qui lui en donne une si grande, ainsi que sur la façon dont la transition entre la préhistoire des mathématiques et les mathématiques grecques a pu s'opérer. Le deuxième nous amènera à nous interroger sur la part relative des héritages mésopotamiens et grecs dans les mathématiques médiévales. Le dernier, enfin, nous fera réfléchir sur la raison pour laquelle, alors que la géométrie de l'Antiquité était centrée sur un petit nombre de figures géométriques – le triangle, le cercle, la parabole... –, de nombreuses nouvelles figures géométriques – la chaînette, la roulette... – sont apparues au XVIIe siècle.

L'algorithme d'Euclide : un calcul fondé sur le raisonnement

Si le nom d'Euclide est resté attaché à la géométrie et à la méthode axiomatique, il est aussi, ironiquement, resté associé à un algorithme qui permet de calculer le plus grand diviseur commun de deux nombres entiers : l'algorithme d'Euclide.

Une première méthode pour calculer le plus grand diviseur commun de deux nombres consiste à déterminer les diviseurs de chacun d'eux en les divisant successivement par tous les nombres inférieurs et en retenant ceux pour lesquels la division « tombe juste ». Par exemple, pour calculer le plus grand diviseur commun de 90 et 21, on peut déterminer les diviseurs de 90 (1, 2, 3, 5, 6, 9, 10, 15, 18, 30, 45 et 90) et ceux de 21 (1, 3, 7 et 21) ; il ne reste plus qu'à chercher le plus grand nombre qui se trouve dans les deux listes : 3. Pour résoudre le problème : « le plus grand diviseur commun de 90 et 21 est-il égal à 3 ? » ou même le problème : « quel est le plus grand diviseur commun de 90 et 21 ? », il n'est donc nullement nécessaire de faire un raisonnement. Il suffit d'appliquer cet algorithme, laborieux mais systématique, qui est une simple paraphrase de la définition du plus grand diviseur commun.

L'algorithme d'Euclide permet de calculer de manière moins laborieuse le plus grand diviseur commun de deux nombres. Il repose sur l'idée suivante : quand on veut calculer le plus grand diviseur commun de deux nombres a et b, par exemple 90 et 21, on peut diviser le plus grand, a, par le plus petit, b. Si la division « tombe juste » et donne un quotient q, alors a est égal $b \times q$. Dans ce cas, b est un diviseur de a, donc un diviseur commun de a et b, et c'est le plus grand car aucun diviseur de b n'est plus grand que b lui-même. Ce nombre est donc le plus grand diviseur commun de a et b. Si, en revanche, la division ne « tombe pas juste » et laisse un reste r, alors a est égal à $b \times q + r$; dans ce cas, les diviseurs communs de a et b sont aussi ceux de b et r. De ce fait, on peut remplacer les nombres a et b par les nombres b et r qui ont le même plus grand diviseur commun. L'algorithme d'Euclide consiste à répéter cette opération plusieurs fois jusqu'à obtenir deux nombres pour lesquels la division tombe juste. Le nombre recherché est alors le plus petit des deux nombres. Calculer le plus grand diviseur des nombres 90 et 21 avec l'algorithme d'Euclide consiste à remplacer le couple (90, 21) par le couple (21, 6) puis par le couple (6, 3) et, 6 étant un multiple de 3, par le nombre 3 qui est le résultat.

Dans le cas des nombres 90 et 21, l'algorithme d'Euclide donne un résultat après trois divisions. Plus généralement, quels que soient les nombres avec lesquels on démarre, on obtient un résultat après un nombre fini de divisions. En effet, en remplaçant le nombre a par le nombre r, on fait décroître les nombres qui constituent le couple dont on cherche à calculer le plus grand diviseur commun, et une suite décroissante de nombres entiers est nécessairement finie.

Cet exemple montre que, loin de tourner le dos au concept de calcul, les Grecs, comme ici Euclide, ont participé à la construction de nouveaux algorithmes. Il montre également à quel point le raisonnement et le calcul sont entremêlés dans la pratique mathématique. La construction de l'algorithme d'Euclide, contrairement au premier algorithme de calcul du plus grand diviseur commun, nous a demandé de démontrer plusieurs théorèmes : premièrement, si la division de a par b tombe juste, alors le plus grand diviseur commun de a et b est b ; deuxièmement, si r est le reste de la division de a par b, alors les diviseurs communs de a et b sont les mêmes que ceux de b et r ; troisièmement, le reste d'une division est toujours inférieur au diviseur ; enfin, une suite décroissante de nombres entiers est finie. Ces résultats sont établis par des raisonnements, similaires à ceux utilisés par les pythagoriciens pour démontrer qu'un carré ne peut pas être le double d'un autre.

La conception du premier algorithme ne demandait aucun raisonnement. Mais cette situation est exceptionnelle. En général, les algorithmes, comme celui d'Euclide, ne se contentent pas de paraphraser une définition et leur conception demande de construire un raisonnement.

Le théorème de Thalès : l'invention des mathématiques

Le fait que la conception d'un algorithme puisse demander la construction d'un raisonnement fait que les mathématiques mésopotamiennes et égyptiennes posent rétrospectivement un problème : comment les Mésopotamiens, par exemple, ont-ils pu concevoir un algorithme pour la division sans avoir recours au raisonnement ? On doit supposer que les Mésopotamiens et les Égyptiens connaissaient une forme implicite de raisonnement. Le fait que, contrairement aux Grecs, ils n'aient pas rendu cette activité explicite, par exemple en écrivant leurs raisonnements sur des tablettes, et qu'ils n'aient sans doute pas eu conscience de l'importance du raisonnement dans la résolution des problèmes mathématiques abstraits n'empêche pas qu'ils ont pu construire des raisonnements, comme Monsieur Jourdain faisait de la prose sans le savoir.

Si l'on remarque souvent la nécessité de construire des raisonnements mathématiques pour concevoir des algorithmes, ce qui amène à supposer que les Mésopotamiens construisaient des raisonnements même s'ils ne les explicitaient pas, on remarque plus rarement que cette nécessité de construire des raisonnements pour concevoir des algorithmes éclaire le miracle grec : le passage du calcul au raisonnement. On peut, en effet, faire l'hypothèse que c'est en construisant des raisonnements pour concevoir de nouveaux algorithmes que les Grecs ont compris l'importance du raisonnement.

Par exemple, on attribue souvent le « premier » raisonnement géométrique à Thalès : pour mesurer la hauteur d'une pyramide trop haute pour une mesure directe, Thalès a eu l'idée de mesurer la longueur de l'ombre de la pyramide sur le sol et, indépendamment, la hauteur et la longueur de l'ombre d'un petit bâton, puis de faire une règle de trois.

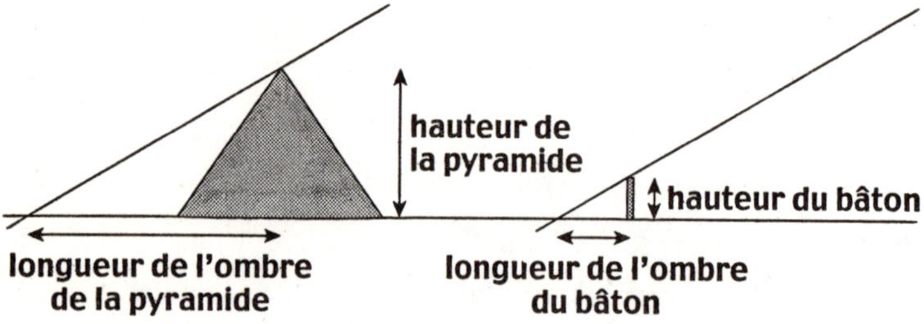

On peut faire l'hypothèse que le but de Thalès était de concevoir un nouvel algorithme pour calculer la longueur d'un segment et que, pour construire cet algorithme, il a eu besoin de démontrer que la pyramide avait avec son ombre le même rapport que le bâton avec la sienne. Théorème dont on a compris, par la suite, l'intérêt intrinsèque et que l'on appelle aujourd'hui le « théorème de Thalès ».

Le discours et les actes

Une autre question soulevée par l'existence de l'algorithme d'Euclide est la contradiction apparente entre le discours sur les mathématiques qui, depuis les Grecs, accorde peu de place au calcul, et la pratique mathématique, qui lui en confère une si grande. Comment les Grecs et leurs successeurs ont-ils pu prétendre que le raisonnement seul suffisait, alors qu'ils construisaient des algorithmes, comme celui d'Euclide ?

Examinons encore une fois le calcul du plus grand diviseur commun des nombres 90 et 21 au moyen de cet algorithme. Une première manière de décrire ce que nous avons fait est de dire que nous avons remplacé successivement le couple (90, 21) par le couple (21, 6) puis par le couple (6, 3) et enfin par le nombre 3 « à l'aveugle », en suivant les prescriptions de l'algorithme, dont nous avons, par ailleurs, démontré qu'il calculait bien le plus grand diviseur commun des deux nombres. Une autre manière de présenter les choses consiste à justifier ce remplacement du couple (90, 21) par le couple (21, 6) par une démonstration du fait que le plus grand diviseur commun de 90 et 21 est égal à celui de 21 et 6. Pour cela, il suffit d'utiliser l'un des théorèmes que nous avons évoqués : le plus grand diviseur commun de deux nombres *a* et *b* est le même que celui de *b* et *r*, où le nombre *r* est le reste de la division de *a* par *b*. Dans cette manière de présenter les choses, nous pouvons taire le fait que nous avons utilisé l'algorithme d'Euclide, et simplement dire que nous avons démontré que le plus grand diviseur commun de 90 et 21 est 3 en utilisant les deux théorèmes précédents.

Plus précisément, en plus du résultat 3, l'algorithme d'Euclide nous a permis de construire un raisonnement qui montre que le plus grand diviseur commun de 90 et 21 est 3. Une fois que le raisonnement est construit, peu importe sa provenance : il est là et cela suffit. En supposant que les Grecs et leurs successeurs concevaient le calcul comme un outil pour construire des raisonnements, lequel outil doit rester dans l'ombre de l'objet qu'il sert à construire, on retrouve une certaine cohérence entre leur pratique mathématique, qui accorde une certaine place au calcul, et leur discours, qui le mentionne à peine.

L'écriture positionnelle

Passons à un deuxième moment de l'histoire des mathématiques. Nous avons l'habitude de penser que la manière dont nous désignons les objets mathématiques, comme les objets de la vie courante, est un détail. Il n'y a pas de raison d'appeler « lion » un lion ou « tigre » un tigre. Nous aurions pu choisir deux autres mots et, pourvu que nous employions tous la même convention, toutes les conventions se valent. Les linguistes, pour qualifier ce phénomène, parlent du caractère « arbitraire » du signe. De même, nous aurions pu décider d'utiliser un autre nom que « trois » pour le nombre trois et un autre symbole que « 3 » pour l'écrire, sans que cela change grand-chose. D'autres langues utilisent bien d'autres mots, *drei* ou *three*, et leurs mathématiques sont pourtant les mêmes que les nôtres.

En poussant plus loin cette thèse du caractère arbitraire du signe, on peut penser que le fait que l'on écrive le nombre trente et un « trente et un », « IIIIIIIIIIIIIIIIIIIIIIIIIIIIIII », « XXXI », « 3X 1I » ou « 31 » est indifférent. Ce n'est cependant pas tout à fait le cas.

Tout d'abord, d'où nous vient ce besoin d'un langage spécial pour écrire les nombres ? Dans les sciences, comme ailleurs, on donne des noms aux objets que l'on utilise et, en général, cela ne nécessite pas l'invention d'un langage particulier. Par exemple, pour nommer les éléments chimiques, on a inventé un nom différent pour chacun d'eux : hydrogène, hélium... tout en continuant à utiliser le français. Mais les éléments chimiques, même s'ils sont nombreux, sont en nombre fini. On a, de même, introduit un nom particulier pour chacun des petits nombres : « un », « deux », « trois »... et même un symbole spécial : « 1 », « 2 », « 3 »... mais, contrairement aux éléments chimiques, les nombres sont une infinité : il est impossible de donner un nom à chacun, car un langage doit avoir un nombre fini de symboles et de mots.

Ainsi est née l'idée d'exprimer les nombres non avec un nombre infini de symboles mais en combinant un nombre fini de symboles, c'est-à-dire d'inventer non un lexique mais une grammaire, donc un langage. Or, si le lexique est arbitraire, la grammaire l'est beaucoup moins et certaines grammaires du langage des nombres sont plus pratiques que d'autres pour raisonner et pour calculer. Parmi les écritures « trente et un », « IIIIIIIIIIIIIIIIIIIIIIIIIIIIIII », « XXXI », « 3X 1I » et « 31 », la dernière, dans laquelle le fait que le chiffre 3 représente un nombre de dizaines est indiqué par sa position, est la meilleure. Car, quand on écrit deux nombres l'un sous l'autre, elle aligne les unités avec les unités, les dizaines avec les dizaines… ce qui permet des algorithmes simples pour faire des additions et des soustractions. Mais c'est surtout l'algorithme de la multiplication qui est simplifié, puisque, pour multiplier un nombre par 10, il suffit d'ajouter un 0 à la fin, c'est-à-dire de décaler les chiffres d'un cran vers la gauche.

Cette écriture positionnelle vient de la Mésopotamie où des ébauches en étaient déjà utilisées deux mille ans avant notre ère. Cependant, les Mésopotamiens utilisaient un système trop compliqué, qui a été simplifié ensuite par les mathématiciens indiens. Ce système indien a, par la suite, été diffusé dans le monde arabe à partir du IXe siècle, en particulier grâce au livre *Le Calcul Indien* écrit par Abu Ja'far Muhammad ibn Musa al-Khwarizmi, dont le nom a donné le mot « algorithme ». Les mathématiciens du Moyen Âge ont passé plusieurs siècles à améliorer les algorithmes que la notation positionnelle permettait. Ce système s'est ensuite diffusé en Europe à partir du XIIe siècle.

Les mathématiciens ont donc reçu un double héritage : celui des Grecs, mais aussi, à travers cette question de l'écriture positionnelle, celui des Mésopotamiens, au moins aussi important que le premier.

Loin d'avoir été étouffée par la découverte de la méthode axiomatique, la problématique du calcul est restée, à travers cet héritage des mathématiques mésopotamiennes, bien vivante dans les préoccupations des mathématiciens du Moyen Âge.

Le calcul intégral

Après l'algorithme d'Euclide et les algorithmes pour les opérations arithmétiques, passons à un troisième moment de l'histoire des mathématiques : le calcul intégral, qui s'est développé au XVIIe siècle avec les travaux de Bonaventura Cavalieri, Isaac Newton, Gottfried Wilhelm Leibniz... mais dont les prémices remontent à l'Antiquité, avec deux résultats dus à Archimède portant l'un sur l'aire du disque et l'autre sur l'aire du segment de parabole.

On sait aujourd'hui que l'aire d'un disque s'obtient en multipliant le carré de son rayon par un nombre qui vaut 3,1415926... Archimède n'a pas été si loin, mais il a démontré que cette aire était comprise entre $3 + 10/71 = 3{,}140...$ et $3 + 1/70 = 3{,}142...$ fois le carré du rayon. Autrement dit, il a déterminé les deux premières décimales du nombre π. Dans le cas du segment de parabole, en revanche, Archimède est parvenu à un résultat exact : l'aire d'un tel segment est égale à quatre tiers fois l'aire du triangle inscrit dans ce segment.

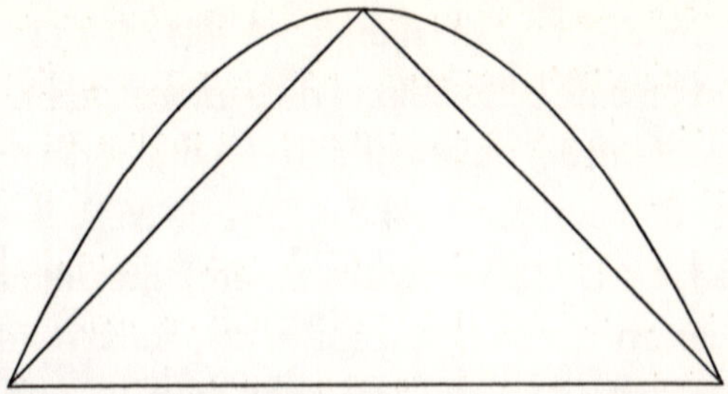

Pour parvenir à ce résultat, Archimède a décomposé le segment de parabole en une infinité de petits triangles dont il a ajouté les aires.

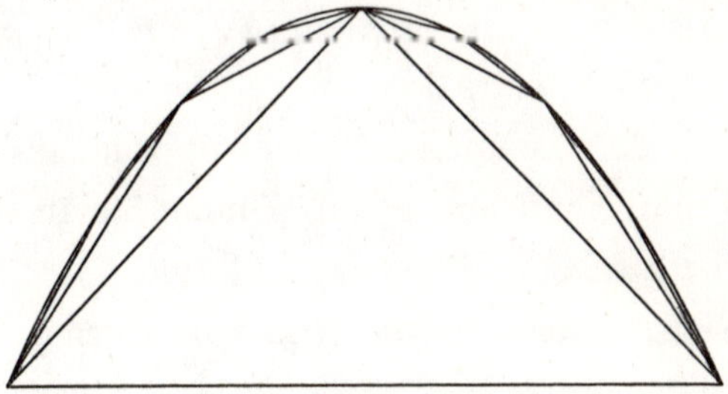

En prenant comme unité l'aire du triangle inscrit dans le segment de parabole, le premier triangle a, par définition, une aire égale à 1. On peut démontrer que les deux petits triangles sur ses côtés ont une aire totale égale à 1/4, que les quatre petits triangles de l'étape suivante ont une aire égale à 1/16... Chaque ensemble de triangles a une aire totale égale au quart de celle de l'ensemble précédent. L'aire du segment de parabole s'obtient en ajoutant l'aire de tous ces triangles: $1 + (1/4) + (1/4)^2 + (1/4)^3 + \ldots$ et la somme de cette infinité de nombres donne un résultat fini: 4/3. Archimède, qui avait une certaine réticence à ajouter une infinité de nombres, s'est contenté de considérer les additions finies 1, $1 + (1/4)$, $1 + (1/4) + (1/4)^2\ldots$ qui donnent les aires de polygones inscrits dans le segment de parabole, donc qui sont toutes inférieures à l'aire du segment de parabole lui-même. Il a montré que l'aire du segment de parabole ne peut pas être inférieure à 4/3 car l'aire du segment de paraboles serait alors inférieure à celle de l'un de ces polygones, ce qui est impossible. Par un autre argument qui s'appuyait, quant à lui, sur les polygones circonscrits, Archimède a montré que l'aire du segment de parabole ne peut pas être supérieure à quatre tiers. Si elle n'est ni supérieure à quatre tiers, ni inférieure à quatre tiers, cette aire ne peut être qu'égale à quatre tiers.

Ce détour de raisonnement a été supprimé au XVIe siècle quand des mathématiciens comme Simon Stevin et François Viète ont commencé à utiliser des additions d'une infinité de nombres. Mais, même simplifié, le raisonnement d'Archimède demande de démontrer que l'aire totale de chaque famille est le quart de celle de la famille précédente, un tour de force qui fait que, jusqu'au XVIIe siècle, la détermination de l'aire de chaque figure était un véritable casse-tête.

Au XVIIe siècle, après l'introduction de la notion de coordonnée par René Descartes, on décrit volontiers une courbe par son équation, par exemple, la parabole de la figure précédente par l'équation $y = 1 - x^2$.

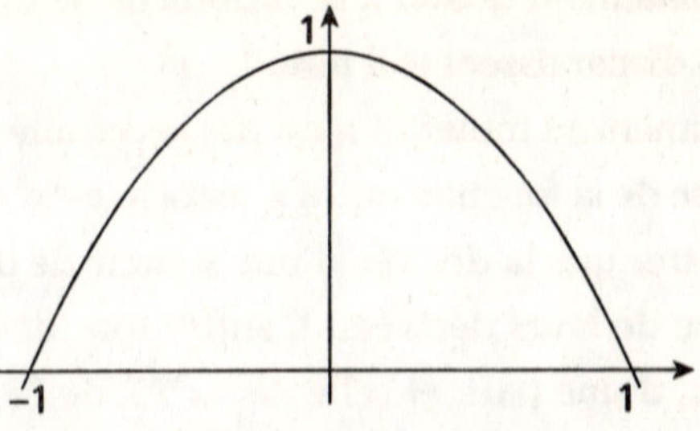

Connaissant cette équation, on peut se demander s'il n'y a pas un moyen de calculer l'aire du segment de parabole, c'est-à-dire l'aire comprise entre la courbe et l'axe horizontal, sans recourir à cette décomposition en triangles. Une des grandes découvertes des mathématiciens du XVIIe siècle a précisément porté sur la méthode qui permet de calculer l'aire d'une figure ainsi délimitée par une courbe dont on connaît l'équation, pourvu que cette équation soit suffisamment simple.

Le premier pas vers cette découverte a consisté en la mise en évidence d'un lien entre cette notion d'aire délimitée par une courbe et une autre notion : celle de dérivée.

Considérons une fonction, par exemple la fonction qui à un nombre x associe la grandeur $x - x^3/3$. La valeur de cette fonction en $x + h$ est $(x + h) - (x + h)^3/3$. Un raisonnement algébrique simple montre que la différence entre la valeur de cette fonction en $x + h$ et sa valeur en x est $h - x^2h - xh^2 - h^3/3$. Le « taux d'accroissement » de la fonction entre x et $x + h$ s'obtient en divisant cette quantité par h, ce qui donne $1 - x^2 - xh - h^2/3$.

Le taux d'accroissement instantané en un point x, la « dérivée » de la fonction en x, s'obtient en observant ce que devient ce taux d'accroissement quand h se rapproche de 0 : les deux derniers termes disparaissent et il reste $1 - x^2$.

Ce raisonnement toutefois n'est pas nécessaire pour déterminer la dérivée de la fonction qui, à x, associe $x - x^3/3$. En effet, on peut démontrer que la dérivée d'une somme de deux fonctions est la somme de leurs dérivées. Il suffit donc de déterminer la dérivée de x, d'une part, et celle de $-x^3/3$, de l'autre, et de les ajouter. Ensuite, on peut démontrer que multiplier une fonction par une quantité fixe multiplie sa dérivée par cette même quantité. Ainsi, pour déterminer la dérivée de $-x^3/3$, il suffit de déterminer celle de x^3 et de la multiplier par $-1/3$. Enfin, pour déterminer la dérivée de x et de x^3, il suffit de savoir que la dérivée de x^n est nx^{n-1}. La dérivée de $x - x^3/3$ est donc $1 - x^2$.

Quelle différence y a-t-il entre ces deux méthodes pour déterminer la dérivée de $x - x^3/3$? Dans la première, nous avons eu besoin d'effectuer un petit raisonnement, certes simple, mais qui nous a demandé de réfléchir. Dans la seconde, en appliquant les règles :

– la dérivée d'une somme est la somme des dérivées,

– multiplier une fonction par une quantité fixe multiplie sa dérivée par cette même quantité,

– la dérivée de x^n est $n\, x^{n-1}$,

nous avons obtenu la dérivée de $x - x^3/3$ de manière systématique. Une fois la correction de ces trois règles démontrée, la dérivée d'une fonction peut s'obtenir par un simple calcul. Cet algorithme de calcul de la dérivée d'une fonction ne s'applique pas à des nombres mais à des expressions fonctionnelles. D'ailleurs, il ne s'applique pas à toutes les expressions fonctionnelles, mais uniquement à celles qui peuvent s'obtenir à partir de

x et de quantités fixes par addition et multiplication : les polynômes. Des algorithmes plus généraux s'appliquent à des langages plus riches comprenant, par exemple, les fonctions exponentiel et logarithme et les fonctions trigonométriques, mais ils ne sont pas d'une nature différente.

La fonction qui, à x, associe $1 - x^2$ est la dérivée de la fonction qui, à x, associe $x - x^3/3$. En retournant la phrase, on dit que la fonction qui, à x, associe $x - x^3/3$ est une « primitive » de celle qui, à x, associe $1 - x^2$. On peut démontrer que cette fonction a plusieurs primitives, toutes obtenues en ajoutant une quantité fixe à celle-ci.

En retournant les règles du calcul de la dérivée, il n'est pas difficile de construire un algorithme qui calcule une primitive d'une fonction :

– une primitive d'une somme de fonctions est la somme des primitives des fonctions,

– multiplier une fonction par une quantité fixe multiplie une primitive par cette même quantité,

– une primitive de x^n est $x^{n+1}/(n+1)$.

En appliquant ces règles de manière systématique, on peut calculer une primitive de $1 - x^2$: $x - x^3/3$.

Revenons au problème des aires : le théorème fondamental du calcul intégral établit un lien entre la notion d'aire et cette notion de primitive. En effet, si l'on appelle $F(x)$ la fonction qui, à chaque nombre x, associe l'aire de la partie du segment de parabole située à gauche de la verticale d'abscisse x, il n'est pas difficile de montrer que, comme la fonction qui, à x, associe $1 - x^2$ est continue, la dérivée de la fonction F est précisément la fonction qui, à x, associe $1 - x^2$.

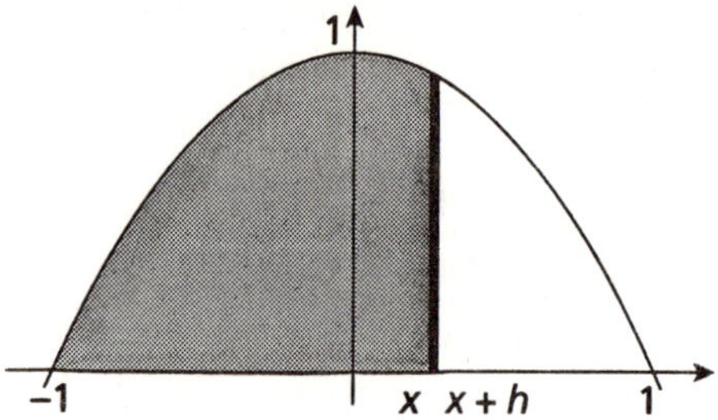

Autrement dit, la fonction F est une primitive de $1 - x^2$: c'est une fonction qui, à x, associe $x - x^3/3$ plus une valeur fixe. Comme en $x = -1$ la fonction F vaut 0, cette valeur fixe ne peut être que $2/3$ et F est la fonction qui, à x, associe $x - x^3/3 + 2/3$. L'aire du segment de parabole est la valeur de cette fonction en 1 : $4/3$. On aboutit au même résultat qu'Archimède, par une autre méthode que la décomposition du segment de parabole en triangles. Déterminer l'aire du segment de parabole délimité par la courbe $y = 1 - x^2$ ne demande donc nullement de construire un raisonnement complexe pour déterminer l'aire de triangles en lesquels ce segment se décompose : il suffit de calculer une primitive de $1 - x^2$ en appliquant l'algorithme précédent, d'ajuster la constante pour que cette primitive vaille 0 en -1 et de prendre sa valeur en 1.

Comme l'algorithme de calcul des dérivées, cet algorithme s'applique uniquement aux polynômes. Des algorithmes plus généraux s'appliquent à des langages plus riches, mais cet algorithme se généralise moins bien que celui de calcul des dérivées. Le calcul de primitives est resté pendant plus de trois siècles un mélange d'algorithmes et de tours de passe-passe pour lesquels une certaine habileté était nécessaire, regardant tantôt du côté du calcul, tantôt du côté du raisonnement. Ce n'est qu'au XXe siècle que la théorie algorithmique de l'intégration s'est systématisée avec le développement des programmes de calcul formel, dont nous aurons l'occasion de reparler.

Pour revenir au XVIIe siècle, le développement de ces notions de dérivée et de primitive, et les algorithmes qui vont avec, ont permis de réduire à de simples calculs de nombreuses déterminations d'aires, mais aussi de volumes, de longueurs, de centres de gravité… La systématisation de la résolution d'un certain type de problème permet de résoudre ces problèmes à moindre coût, donc d'explorer des territoires mathématiques plus vastes. Les mathématiciens de l'Antiquité avaient déterminé les aires de quelques figures, ceux du XVIIe siècle sont allés beaucoup plus loin. Déterminer l'aire délimitée entre -1 et 1 par une courbe compliquée comme celle d'équation $y = 2 - x^2 - x^8$ aurait été un casse-tête pour les mathématiciens de l'Antiquité, mais était un jeu d'enfant pour les mathématiciens du XVIIe siècle, puisqu'il suffit de calculer la primitive de $2 - x^2 - x^8$ qui s'annule en -1 ($2x - x^3/3 - x^9/9 + 14/9$) et de prendre sa valeur en 1 : $28/9$. De tels outils algorithmiques donnent des forces pour attaquer des problèmes qui paraîtraient démesurés si l'on devait les attaquer à « mains nues ». Et de nouvelles figures géométriques, dont l'étude aurait été trop difficile sans ces outils, sont apparues au XVIIe siècle.

Cette incursion de méthodes algorithmiques dans la géométrie, c'est-à-dire dans le « saint des saints » de la méthode axiomatique, a laissé des traces profondes jusque dans le nom de cette branche des mathématiques. Pour la désigner, on ne parle jamais de « théorie intégrale », mais toujours de « calcul intégral ». En anglais, le mot *calculus* désigne exclusivement cette branche des mathématiques, et un autre mot, *computation*, désigne le calcul en général.

II
L'âge classique

CHAPITRE III

La logique des prédicats

Dans les chapitres précédents, je me suis limité à quelques grands moments de l'histoire afin d'illustrer la permanence de la problématique du calcul dans la pratique mathématique. J'aurais pu raconter une histoire plus détaillée et parler du triangle de Pascal, du pivot de Gauss... Je préfère laisser cette difficile tâche aux historiens et passer à ce qui constitue le sujet de ce livre : les métamorphoses du calcul au XXe siècle.

Au XXe siècle, la notion de calcul s'est développée en relation avec celle de raisonnement. Avant d'aborder l'histoire du calcul, faisons une courte digression pour nous intéresser à celle du raisonnement. Nous avons laissé cette histoire aux logiques d'Aristote et des stoïciens, qui n'étaient suffisantes, ni l'une ni l'autre, pour exprimer les raisonnements mathématiques, car la grammaire des propositions dans ces deux logiques était trop fruste. Ce problème de trouver une grammaire pour les propositions mathématiques et des règles pour le raisonnement n'a pas avancé jusqu'à la fin du XIXe siècle, malgré quelques tentatives courageuses, comme celle de Leibniz. Le principal artisan de ce renouveau est Gottlob Frege, dont les motivations étaient surtout philosophiques : il s'agissait pour lui d'éclairer, et de contredire, un point de la philosophie d'Emmanuel Kant.

Les jugements synthétiques *a priori*

Les propositions « un triangle a trois angles » et « la Terre a un satellite » sont vraies toutes les deux, mais pas pour les mêmes raisons. Le fait qu'un triangle ait trois angles fait partie de la définition du mot « triangle ». En revanche, rien dans la définition du mot « Terre » n'impose que la Terre ait un satellite. Autrement dit, on ne peut pas imaginer un triangle qui ait quatre ou cinq angles. En revanche, on peut imaginer que la Terre, comme Mercure ou Vénus, n'ait pas de satellite. Le jugement qu'une proposition est nécessairement vraie, par définition, est ce que Kant appelle un « jugement analytique ». À l'inverse, il appelle « jugement synthétique » le jugement qu'une proposition est vraie sans que ce soit par définition. Ainsi, le jugement que la proposition « un triangle a trois angles » est vraie est analytique, celui que la proposition « la Terre a un satellite » est vraie est synthétique.

Une autre distinction, utilisée par Kant, oppose les jugements *a priori* aux jugements *a posteriori*. Un jugement est *a priori* s'il se fait à l'intérieur de notre tête, et il est *a posteriori* s'il demande une interaction avec la nature. Par exemple, établir qu'un triangle a trois angles demande simplement de réfléchir à cette question : le jugement se fait à l'intérieur de notre tête. En revanche, même en réfléchissant beaucoup, il ne semble pas possible de se convaincre que la Terre a un satellite : à un moment ou un autre, il faut observer le ciel.

Ces exemples pourraient laisser croire que ces deux oppositions se recouvrent : que les jugements analytiques sont toujours *a priori* et les jugements synthétiques *a posteriori*. Ce n'est pas le cas : certains jugements sont synthétiques et *a priori* : il n'est pas toujours nécessaire de faire des expériences pour connaître la nature. L'exemple le plus célèbre de jugement synthétique *a priori* est le jugement « je suis ». La nature a longtemps existé sans moi, elle existera longtemps après moi et elle aurait très bien pu exister sans que j'apparaisse jamais. On ne peut pas dire que j'existe par définition. Le jugement de mon existence est donc synthétique. En revanche, contrairement à ce que je devrais faire si je m'interrogeais sur l'existence des kangourous, je n'ai nullement besoin d'aller observer la faune australienne pour me convaincre de ma propre existence, car je pense, donc je suis. Le fait que le temps existe est également un jugement synthétique *a priori*. Le temps n'existe pas par définition et il n'y a aucune nécessité que les choses bougent ou changent. Pourtant, nous n'avons aucun besoin d'observer l'extérieur de nous-même pour savoir que le temps existe. Notre conscience évolue dans le temps, et cela nous suffit pour avoir conscience de l'existence du temps.

Nous arrivons au point qui, selon Frege, pose un problème : pour Kant, tous les jugements mathématiques sont dans ce domaine du synthétique *a priori*. Le fait que les jugements mathématiques soient *a priori* est relativement clair. Quand on fait une démonstration, comme celle des pythagoriciens pour établir qu'un carré ne peut pas être le double d'un autre ou pour établir que la somme des angles d'un triangle vaut toujours 180°, on n'a pas besoin d'utiliser un microscope ou un télescope, on n'a pas besoin de regarder à l'extérieur de soi. En revanche, pour Kant, il y a une différence de nature entre le jugement de la vérité de la proposition « un triangle a trois angles » et le jugement de la vérité de la proposition « la somme des angles d'un triangle vaut 180° » : le fait d'avoir trois angles fait partie de la définition de la notion de triangle, pas le fait que la somme de ces angles vaille 180°. Le premier jugement est donc analytique, mais le second ne l'est pas : il ne peut être que synthétique. Il est donc synthétique *a priori*. De même, pour Kant, le fait que 2 + 2 soit égal à 4 ne fait pas partie de la définition de 2 ni de 4 : c'est un jugement synthétique *a priori*.

De la notion de nombre à celles de concept et de proposition

L'objectif de Frege était de montrer que, contrairement à ce que pensait Kant, le fait que 2 + 2 soit égal à 4 fait implicitement partie de la définition des nombres entiers car, même si cela ne fait pas explicitement partie de cette définition, cela peut s'en déduire par un raisonnement. Frege a donc proposé l'idée que le rôle du raisonnement est de rendre explicite ce qui est contenu, mais de manière cachée, dans la définition des concepts mathématiques. Bien entendu, ces propriétés des concepts sont cachées dans les définitions, y compris pour ceux qui ont posé ces définitions. Ses propres définitions, comme ses actes, peuvent avoir des conséquences que l'on n'a pas anticipées, mais qui en découlent pourtant nécessairement.

Pour défendre cette thèse, il fallait que Frege donne une définition des nombres entiers, explicite des règles de déduction et montre comment la vérité d'une proposition comme « 2 + 2 = 4 » s'obtient, par un raisonnement, à partir de cette définition.

De manière plus générale, l'importance que Descartes, puis Kant, après d'autres comme Platon, ont accordée à cette faculté de la conscience d'accéder d'elle-même à certaines connaissances sur la nature amène naturellement à s'interroger sur les mécanismes qui permettent à la conscience d'accéder à ces connaissances, en particulier sur les règles du raisonnement, ce que, paradoxalement, Platon, Descartes et Kant eux-mêmes ont peu fait.

Par cette démarche, dont les principales motivations étaient philosophiques, les préoccupations de Frege rejoignaient celles d'autres mathématiciens comme Richard Dedekind ou Giuseppe Peano qui, eux aussi, à la fin du XIXe siècle, cherchaient une définition des nombres entiers. En effet, alors que les premières définitions des notions de point et de droite et les premiers axiomes pour la géométrie datent d'Euclide, on n'a proposé ni définition des nombres entiers ni axiome pour l'arithmétique avant la fin du XIXe siècle. Peut-être est-ce parce que l'on connaît des règles de calcul qui permettent d'établir que 2 + 2 est égal à 4 que la nécessité d'axiomes pour le démontrer paraissait moins urgente ? Même si l'on sait, depuis les pythagoriciens, qu'il est nécessaire de raisonner pour faire de l'arithmétique, la place du raisonnement a peut-être été perçue, jusqu'à la fin du XIXe siècle, comme moins centrale en arithmétique qu'en géométrie.

Pour donner une définition de la notion de nombre entier, Frege s'est inspiré d'une idée ébauchée par David Hume plus d'un siècle plus tôt et a proposé de définir les nombres entiers comme des ensembles d'ensembles, par exemple le nombre 3 comme l'ensemble {{Porthos, Athos, Aramis}, {Olga, Macha, Irina}, {Nif-Nif, Naf-Naf, Nouf-Nouf}...} de tous les ensembles de trois éléments. Définir la notion de nombre entier demandait donc de définir d'abord une notion d'ensemble.

Pour Frege, la notion d'ensemble se confond avec celle de concept : l'ensemble des roses n'est rien d'autre que le concept « être une rose », et un concept se définit par une proposition. Ainsi Frege a-t-il rouvert ce problème, plus ou moins en sommeil depuis l'Antiquité, de clarification de la grammaire des propositions mathématiques et des règles de déduction.

La logique de Frege

Frege a repris un certain nombre de concepts des stoïciens : en particulier, dans la logique de Frege, une proposition est formée de propositions atomiques reliées entre elles par des conjonctions de coordination, « et », « ou », « non », « si... alors »... Contrairement aux stoïciens et comme les logiciens du Moyen Âge, Frege a décomposé les propositions atomiques. Cependant, il ne les a pas décomposées en deux éléments – un prédicat qui s'applique à un sujet – mais en un « prédicat relationnel » qui relie plusieurs compléments, parmi lesquels figure le sujet. Dans la proposition atomique « 4 est inférieur à 5 », les stoïciens voyaient un élément indécomposable, les logiciens du Moyen Âge un prédicat « est inférieur à 5 » qui s'appliquait au sujet « 4 » et Frege un prédicat relationnel « est inférieur à » qui relie deux compléments, « 4 » et « 5 ».

Comme la logique d'Aristote, la logique proposée par Frege en 1879 permet d'exprimer le fait qu'un prédicat s'applique non à un objet particulier mais à tous les objets possibles, ou à quelques objets sans préciser lesquels. La grammaire traditionnelle, comme la logique d'Aristote, remplace le sujet ou un complément par un pronom indéfini « tous » ou « certains ». Ainsi, la proposition « tous sont mortels » se construit de la même manière que la proposition « Socrate est mortel », en remplaçant le nom « Socrate » par le pronom « tous ». Ce mécanisme est une source d'ambiguïté des langues naturelles, puisque, avec un prédicat relationnel, la proposition « tout le monde aime quelqu'un » peut signifier ou bien qu'il y a une personne que tout le monde aime, ou bien que tout le monde aime quelqu'un sans que tout le monde aime forcément la même personne. Dans les langues naturelles, nous nous accommodons de cette imperfection en ajoutant une précision quand le contexte ne suffit pas à lever l'ambiguïté. Mais, pour clarifier les règles de déduction, il est nécessaire de donner des formes différentes à ces propositions qui expriment des choses différentes.

Pour cela, Gottlob Frege et Charles Sanders Peirce ont utilisé une invention des algébristes du XVIe siècle, tel François Viète : la notion de variable. Au lieu d'appliquer le prédicat relationnel « est inférieur à » à des noms « 4 » et « 5 » ou à des pronoms indéfinis, on les applique dans un premier temps à des variables x et y, ce qui donne la proposition « x est inférieur à y », et on indique, dans un second temps, si ces variables sont universelles ou existentielles par les locutions « pour tout x » ou « il existe x », appelées « quantificateurs ». Ainsi, la proposition de la logique d'Aristote « tous les hommes sont mortels » se décompose dans la logique de Frege en « pour tout x, si x est un homme, alors x est mortel ». Et « tout le monde aime quelqu'un » peut se traduire ou bien par « pour tout x, il existe y tel que x aime y » ou alors par « il existe y tel que pour tout x, x aime y ».

L'ambiguïté d'une phrase comme « tout le monde aime quelqu'un » ou comme « tout nombre est inférieur à un certain nombre » est levée par l'ordre des quantificateurs dans la proposition. Ainsi, la proposition « pour tout x, il existe y tel que x soit inférieur à y » signifie que tout nombre a un nombre plus grand que lui, ce qui est vrai, alors que la proposition « il existe y tel que pour tout x, x est inférieur à y » signifie qu'il existe un nombre plus grand que tous les autres, ce qui est faux.

Une fois la grammaire des propositions enrichie avec des symboles de prédicats relationnels, des variables et les quantificateurs « pour tout » et « il existe », les règles de déduction ne sont pas difficiles à énoncer. L'une d'elles, par exemple, que connaissaient les stoïciens, permet de déduire la proposition B des propositions « si A alors B » et A. Une autre permet de déduire la proposition A de la proposition « A et B ». Les règles les plus intéressantes sont celles qui concernent les quantificateurs : une règle, par exemple, permet de déduire, de la proposition « pour tout x, A », la proposition A, dans laquelle la variable x est remplacée par une expression quelconque. Ainsi, de la proposition « pour tout x, si x est un homme, alors x est mortel », on peut déduire avec cette dernière règle que « si Socrate est un homme, alors Socrate est mortel » puis, si on sait que « Socrate est un homme », on peut en déduire, avec la première règle, que « Socrate est mortel ».

Dans la logique de Frege, on peut donc définir la notion de nombre entier, puis les nombres 2 et 4, puis l'addition, et démontrer la proposition « $2 + 2 = 4$ », ce qui montre que le fait que cette proposition soit vraie est une conséquence de la définition des nombres entiers et de l'addition, donc que le jugement que cette proposition est vraie est analytique, et non synthétique comme le pensait Kant.

L'universalité des mathématiques

Frege a donc réussi un double tour de force avec cette logique. D'une part, il a réussi la synthèse des logiques d'Aristote et des stoïciens, et proposé une logique plus expressive que celle des philosophes de l'Antiquité. D'autre part, en faisant dériver la notion de nombre de la notion d'ensemble, il a donné une définition des nombres entiers et démontré la proposition « 2 + 2 = 4 ».

Ce qui est vrai pour les nombres entiers est vrai pour de nombreux autres concepts mathématiques : on peut définir, dans la logique de Frege, à peu près toutes les notions que l'on veut et y démontrer à peu près tous les théorèmes que l'on connaît. La logique de Frege a donc un double visage. D'un côté, elle ne fait qu'énoncer les règles du raisonnement et des axiomes concernant des notions générales, comme la notion d'ensemble ou de concept. De ce point de vue, elle se situe dans la tradition des logiques d'Aristote et des stoïciens, et l'on peut définir l'adjectif « logique » en disant qu'un raisonnement est logique s'il peut se formuler dans la logique de Frege. D'un autre côté, elle permet de formuler tous les raisonnements mathématiques : elle se situe donc dans la tradition de la géométrie d'Euclide et l'on peut définir l'adjectif « mathématique » en disant qu'un raisonnement est mathématique s'il peut se formuler dans la logique de Frege.

La logique de Frege fait donc apparaître une synonymie entre les adjectifs « logique » et « mathématique ». Il n'y a pas de spécificité du raisonnement mathématique : tout raisonnement logique peut être qualifié de « mathématique ». Dès lors, il n'y a plus de raison de définir les mathématiques par les objets dont elles parlent : les nombres, les figures géométriques... On peut les définir par la manière dont elles en parlent : en faisant des démonstrations logiques. La spécificité des mathématiques, qui était de parler des nombres et des figures géométriques, s'efface et les mathématiques apparaissent universelles.

Au début du XXe siècle, Bertrand Russell a souligné l'importance de cette découverte, par Frege, de l'universalité des mathématiques. C'est une chose dont devraient se souvenir ceux qui dénient toute pertinence aux mathématiques dans le champ des sciences humaines. Car soutenir, par exemple, que les mathématiques ne sont pas un outil adéquat pour étudier le comportement humain revient à soutenir que la logique et la raison ne sont pas des outils adéquats pour étudier le comportement humain. Cela revient à nier l'existence même des sciences humaines. On peut, bien entendu, défendre une telle thèse, mais il faut avoir conscience que c'est, depuis Frege et Russell, une thèse qui va bien au-delà de l'idée, plus banale, que les nombres et les figures géométriques ne sont pas des outils adéquats pour étudier le comportement humain.

La logique des prédicats et la théorie des ensembles

Cependant, la logique de Frege était encore imparfaite et à ces succès ont succédé quelques déconvenues. Dans cette logique, il est, en effet, possible de démontrer à la fois une chose et son contraire. Et, en mathématiques comme dans la vie courante, une telle contradiction est le signe d'une erreur. Un premier paradoxe dans la logique de Frege a été trouvé en 1897 par Cesare Burali-Forti. Il a ensuite été simplifié et popularisé par Russell en 1902. Dans la logique de Frege, certains ensembles sont éléments d'eux-mêmes : c'est le cas de l'ensemble de tous les ensembles. Et il est possible de construire un ensemble R qui contient tous les ensembles qui ne sont pas éléments d'eux-mêmes. Il est ensuite possible de démontrer que l'ensemble R n'est pas élément de lui-même, et également qu'il est élément de lui-même. La logique de Frege était donc une ébauche qui demandait à être améliorée.

Russell a été le premier à proposer, en 1903, une correction de la logique de Frege : la théorie des types, qu'il a développée dans les années qui ont suivi avec Alfred North Whitehead. La théorie des types de Russell et Whitehead classe les objets selon leur type : les objets qui ne sont pas des ensembles (les atomes) reçoivent le type 0, les ensembles d'objets de type 0 (les ensembles d'atomes) le type 1, les ensembles d'objets de type 1 (les ensembles d'ensembles d'atomes) le type 2... et la proposition « x est un élément de y » ne peut être formée que quand le type de y est égal au type de x plus un. En conséquence, il n'y a pas d'ensemble de tous les ensembles, car on ne peut mettre ensemble les ensembles d'atomes et les ensembles d'ensembles d'atomes, pas non plus d'ensemble des ensembles qui ne sont pas éléments d'eux-mêmes, et pas de paradoxe de Russell.

Un autre défaut de la logique de Frege, comme de celle de

Russell et Whitehead, était qu'elle mélangeait des notions de logique avec des notions de théorie des ensembles. Une règle de déduction, comme la règle qui permet de déduire la proposition *B* des propositions « si *A* alors *B* » et *A* est utile dans différents domaines de la pensée. En revanche, l'axiome « par deux points distincts, il passe une et une seule droite » n'est utile qu'en géométrie, car il parle explicitement de points et de droites. De même, l'axiome « si *A* et *B* sont deux ensembles, il existe un ensemble dont les éléments sont les éléments communs à *A* et *B* » n'est utile qu'en théorie des ensembles.

Traditionnellement, on oppose les règles de déduction, valables indépendamment des objets sur lesquels on raisonne, aux axiomes, spécifiques à une théorie particulière. Cette neutralité des règles de déduction par rapport aux objets sur lesquels on raisonne porte un nom savant : la neutralité ontologique de la logique. La logique de Frege, et après elle celle de Russell, comportait le défaut d'avoir des règles de déduction spécifiques à la notion de concept ou d'ensemble. Et si la notion d'ensemble ou de concept paraissait générale à l'époque de Frege, après le paradoxe de Russell, elle est apparue comme une notion comme les autres, en particulier comme une notion qui demandait ses propres axiomes. La théorie des types de Russell a donc été à nouveau simplifiée dans les années vingt par David Hilbert, qui y a supprimé tout ce qui était spécifique à la notion d'ensemble, pour aboutir à la constitution de la « logique des prédicats », qui reste aujourd'hui le cadre de référence en logique. Les axiomes propres à la notion d'ensemble, énoncés en 1908 par Ernst Zermelo, forment, depuis cette époque, une théorie parmi d'autres : la théorie des ensembles.

Cette séparation entre la logique des prédicats et la théorie des ensembles a affaibli la thèse de Russell de l'universalité, de l'absence de spécificité, des mathématiques. C'est finalement la logique des prédicats qui apparaît comme universelle, mais pour développer les mathématiques dans la logique des prédicats, il est nécessaire d'ajouter les axiomes de la théorie des ensembles. Il est donc possible de concevoir un raisonnement logique, mais non mathématique, qui se place dans la logique des prédicats, mais utilise d'autres axiomes que ceux de la théorie des ensembles.

En fait, ce n'est pas tout à fait le cas : un théorème démontré en 1930 par Kurt Gödel – mais qui n'est pas le célèbre « théorème de Gödel » – montre que n'importe quelle théorie peut se traduire en théorie des ensembles : par exemple, la géométrie d'Euclide, qui est *a priori* un autre ensemble d'axiomes que la théorie des ensembles, peut se traduire en théorie des ensembles. Ce théorème restaure la thèse de Russell en donnant une universalité et une neutralité ontologique à la théorie des ensembles elle-même.

Le problème des axiomes

Outre le fait qu'elle risquait en mettre en péril la thèse de Russell, cette séparation de la logique des prédicats et de la théorie des ensembles avait surtout l'inconvénient de mettre en péril tout le projet philosophique de Frege de définir la notion de nombre entier à partir de notions purement logiques puis de montrer que la proposition « 2 + 2 = 4 » était une conséquence de cette définition. Sans axiomes, on ne peut pas définir les nombres entiers dans la logique des prédicats de manière à rendre cette proposition démontrable. En revanche, cela devient possible dès que l'on s'autorise à poser des axiomes, comme ceux de la théorie des ensembles. À la même époque que Frege, Peano a proposé des axiomes plus simples que ceux de la théorie des ensembles, qui permettent également de démontrer la proposition « 2 + 2 = 4 » et, plus généralement, tous les théorèmes qui concernent les nombres entiers que l'on connaît : les axiomes de l'arithmétique.

La question de l'analyticité des jugements mathématiques se trouvait déplacée sur cette notion d'axiome. Le jugement qu'une proposition est vraie peut être qualifié d'analytique s'il repose sur une démonstration. Qu'en est-il si cette démonstration utilise des axiomes ? Et les jugements de vérité des axiomes eux-mêmes sont-ils analytiques ou synthétiques ? Voilà que réapparaissait, sous une forme savante, une vieille question relative aux axiomes : pour quelle raison accepte-t-on de poser des axiomes ? Alors que l'on insiste toujours sur la nécessité de tout démontrer en mathématiques, comment accepte-t-on, par exemple, de poser, sans démonstration, l'axiome « par deux points distincts, il passe une et une seule droite » ?

Une solution à ce problème a été apportée au début du XXe siècle par Henri Poincaré et une histoire va nous aider à la comprendre. Au cours d'un voyage vers les Nouvelles-Hébrides, un explorateur découvre une île coupée du monde et habitée par des femmes et des hommes qui parlent le français. L'explorateur est surpris, mais il ne tarde pas à trouver une explication : un mythe des naturels raconte qu'ils sont les descendants des marins d'un navire voguant sous pavillon français, qui a fait naufrage, il y a très longtemps, à proximité de cette île. Après quelques jours, l'explorateur a une nouvelle surprise quand il constate que les naturels disent se nourrir en chassant des poissons qui volent dans le ciel. Sa surprise grandit quand ils lui apprennent que ces poissons ont deux ailes, deux pattes et un bec, qu'ils construisent des nids et chantent de belles mélodies. L'explorateur tente d'expliquer aux habitants de l'île que les poissons nagent dans la mer, qu'ils ont des écailles et des ouïes et qu'ils sont muets comme des carpes, ce qui les fait beaucoup rire. Il ne tarde pas à comprendre le quiproquo : depuis le naufrage du bateau, la langue parlée dans cette île et la langue parlée en France ont évolué. Si bien qu'aujourd'hui le mot « poisson » signifie, dans la langue parlée dans l'île, ce que le mot « oiseau » signifie en français courant. Le cas de cette île n'est pas exceptionnel : comme l'explorateur le sait bien, il existe quelques différences lexicales entre les langues parlées au Québec et en France.

Comment l'explorateur peut-il comprendre la signification du mot « poisson » dans la langue des naturels ? Il peut leur demander de lui montrer un poisson. S'ils montrent un oiseau, un serpent ou une grenouille, il saura ce que ce mot signifie pour eux. Malheureusement, cette méthode ne marche que pour les mots qui désignent des choses concrètes. Elle ne lui permettrait pas de comprendre la signification de mots comme « solidarité » ou « commutativité ». Une deuxième méthode consiste à demander aux naturels une définition du mot « poisson », ou à chercher une définition de ce mot dans un de leurs dictionnaires. Cette méthode n'est utilisable que si l'on connaît déjà la signification des mots utilisés dans cette définition. Sinon, il faudra les chercher à leur tour dans le dictionnaire, et ainsi de suite, à l'infini. Une troisième méthode consiste à demander aux naturels quelles propositions contenant le mot « poisson » ils tiennent pour vraies. C'est cette dernière méthode que l'explorateur a employée, puisqu'il a compris la signification du mot « poisson » en apprenant que les naturels tenaient pour vraies les propositions « un poisson vole dans le ciel », « un poisson a deux ailes »...

C'est ainsi que les philosophes définissent la signification du mot « signification » : la signification d'un mot est l'ensemble des propositions vraies qui contiennent ce mot. De ce fait, il n'est pas possible de définir la signification d'un mot isolé, comme le laissent croire les dictionnaires. La signification de tous les mots est simultanément définie par l'ensemble des propositions vraies du langage. La vérité de la proposition « un oiseau vole dans le ciel » participe à la fois à la définition du mot « oiseau », du mot « ciel » et du mot « voler ». Pour être tout à fait exact, ce n'est pas l'ensemble des propositions vraies qui définit la signification des mots du langage, car cet ensemble est infini et assez compliqué : ce sont les critères qui permettent d'établir qu'une proposition est vraie, c'est-à-dire, dans le cas du langage mathématique, les axiomes et les règles de déduction.

Cette idée permet de répondre à la question de la raison pour laquelle nous acceptons de poser des axiomes : nous acceptons de poser l'axiome « par deux points, il passe une et une seule droite » parce que cet axiome fait partie de la définition des mots « point », « droite », « passer »...

Cette réponse, qui a été proposée par Poincaré dans le cadre restreint du langage de la géométrie, est plus satisfaisante que la réponse traditionnelle, selon laquelle la vérité de cette proposition apparaît évidente dès que nous connaissons la signification des mots « point », « droite », « passer »... Depuis Poincaré, nous comprenons que cet axiome n'est pas une proposition qui nous apparaît miraculeusement évidente, parce que nous connaissons la signification de ces mots, mais que nous la tenons pour vraie parce qu'elle fait partie de leur définition.

Cette conception de la notion de définition permet de résoudre un vieux problème posé par la définition de la notion de point dans les *Éléments* d'Euclide. Euclide donne une définition assez obscure de la notion de point : un point est ce qui n'a pas de partie. Puis il pose des axiomes et démontre des théorèmes, sans jamais utiliser cette définition. À quoi cette définition sert-elle ? À rien, nous apprend Poincaré : la véritable définition de la notion de point n'est pas dans cette phrase obscure, mais dans les axiomes de la géométrie.

Les résultats du projet de Frege

Une fois cette notion d'axiome éclairée, on peut tenter de tirer un bilan de l'entreprise de Frege. Certes, contrairement à ce qu'espérait sans doute Frege, on ne peut pas définir les nombres entiers et les opérations arithmétiques et démontrer la proposition « 2 + 2 = 4 » dans la logique des prédicats, sans poser d'axiomes. Cependant, si l'on accepte d'étendre la notion de définition et de considérer ces axiomes comme des définitions implicites des notions utilisées dans la théorie, le projet de Frege a assez bien réussi, puisque la proposition « 2 + 2 = 4 », qui est une conséquence des axiomes de l'arithmétique, est bien une conséquence de la définition des nombres entiers et des opérations arithmétiques que ces axiomes constituent.

La conclusion de cette aventure qui va de Frege à Hilbert est que le concept de jugement analytique était encore flou à l'époque de Kant. Il existe différents degrés d'analyticité. Le jugement qu'une proposition est vraie peut être appelé analytique quand la proposition est démontrable dans la logique des prédicats sans axiomes, auquel cas les jugements mathématiques ne sont pas analytiques. Il peut aussi être appelé analytique quand la proposition est démontrable dans la logique des prédicats avec des axiome qui constituent la définition implicite des concepts utilisés et, dans ce cas, tous les jugements mathématiques sont analytiques. Comme nous le verrons, d'autres notions d'analyticité viendront s'ajouter plus tard.

Un produit secondaire de cette aventure est la mise au point de la logique des prédicats, qui fait la synthèse des logiques d'Aristote et des stoïciens et dans laquelle toutes les mathématiques peuvent s'exprimer, si l'on accepte de poser quelques axiomes. La construction de cette logique est un progrès important dans la compréhension de la nature du raisonnement, sans doute le plus important depuis l'Antiquité. Et cette clarification de la nature du raisonnement a eu des conséquences importantes sur les relations entre le raisonnement et le calcul.

La genèse de la logique des prédicats : 1879-1928

1879 : logique de Frege
1897 : paradoxe de Burali-Forti
1902 : paradoxe de Russell
1903 : théorie des types de Russell, développée par la suite avec Whitehead
1908 : axiomes de la théorie des ensembles de Zermelo
1928 : forme définitive de la logique des prédicats de Hilbert

CHAPITRE IV

Du problème de la décision au théorème de Church

Au début du XXe siècle sont apparues, presque simultanément, deux théories qui concernent l'une et l'autre le calcul : la théorie de la calculabilité et la théorie de la constructivité. On pourrait penser que les écoles qui ont développé ces deux théories ont compris les rapports de leurs démarches et ont coopéré dans une attitude de respect mutuel. Malheureusement, elles se sont plutôt construites dans la brouille et l'incompréhension. Ce n'est que bien des années plus tard, au milieu du XXe siècle, que l'on a compris les liens entre ces notions de calculabilité et de constructivité.

Il reste aujourd'hui quelques traces de ces querelles dans la manière parfois excessivement idéologique d'exposer ces travaux, qui méritent pourtant, les uns et les autres, une présentation sereine. Il faut cependant admettre que, même si les uns et les autres ont construit des concepts qui se sont révélés *a posteriori* assez semblables, les problèmes qu'ils ont cherché à résoudre sont assez différents, ce qui justifie que l'on s'y intéresse de manière séparée. Commençons par la notion de calculabilité.

L'apparition de nouveaux algorithmes

Le travail d'éclaircissement des règles de déduction par Frege, puis par Russell et Hilbert, a abouti, dans les années vingt, à la mise au point de la logique des prédicats. Fidèle à la conception axiomatique des mathématiques, la logique des prédicats est constituée de règles de déduction qui permettent de construire des démonstrations, étape par étape, des axiomes jusqu'aux théorèmes, et elle n'accorde aucune place au calcul. Malgré l'algorithme d'Euclide, les algorithmes arithmétiques du Moyen Âge et le calcul intégral, on assiste, avec la logique des prédicats, à une réaffirmation de cette conception axiomatique des mathématiques, héritée des Grecs, qui tourne le dos au calcul.

Dans la logique des prédicats comme dans la conception axiomatique, un problème s'exprime sous la forme d'une proposition et la résolution de ce problème consiste à construire une démonstration de cette proposition ou de sa négation. La nouveauté, avec la logique des prédicats, est que ces propositions ne sont plus exprimées dans une langue naturelle, comme le français, mais dans un langage codifié, constitué de symboles de prédicats relationnels, de conjonctions de coordination, de variables et de quantificateurs. Il devient alors possible de classer les problèmes en fonction de la forme des propositions qui les expriment. Par exemple, les problèmes de plus grand diviseur commun sont les problèmes qui s'expriment par des propositions de la forme « le plus grand diviseur commun des nombres x et y est le nombre z ».

Avec la logique des prédicats et la caractérisation des problèmes de plus grand diviseur commun par la forme des propositions qui les expriment, l'algorithme d'Euclide change de statut : il peut être vu comme un algorithme pour décider si une proposition de la forme « le plus grand diviseur commun des nombres x et y est le nombre z » est démontrable ou non. Ce changement de statut est léger, puisque l'on passe d'un algorithme pour calculer le plus grand diviseur commun de deux nombres à un algorithme pour décider si une proposition de cette forme est démontrable ou non, mais il a son importance.

En effet, au début du XXe siècle, de nombreux algorithmes permettant de décider la démontrabilité de certains ensembles de propositions de la logique des prédicats sont apparus. On connaissait l'algorithme d'Euclide qui permet de décider la démontrabilité de toutes les propositions de la forme « le plus grand diviseur commun des nombres x et y est le nombre z ». On connaissait l'algorithme de l'addition, qui permet de décider la démontrabilité de toutes les propositions de la forme « $x + y = z$ ». Et de nouveaux algorithmes sont apparus. En 1929, Mojzesz Presburger a proposé un algorithme pour décider toutes les propositions de l'« arithmétique linéaire », c'est-à-dire du fragment de la théorie des nombres entiers, dans lequel on garde l'addition mais on supprime la multiplication. Cet algorithme indique, par exemple, que la proposition « il existe x et y tels que $x + x + x = y + y + 1$ » est démontrable, alors que la proposition « il existe x et y tels que $x + x = y + y + 1$ » ne l'est pas. En 1930, Thoralf Skolem a, à l'inverse, proposé un algorithme pour décider la démontrabilité de toutes les propositions de la théorie des nombres entiers dans lesquelles figure la multiplication, mais pas l'addition. En 1930 encore, Alfred Tarski a proposé un algorithme pour décider toutes les propositions de la théorie des nombres réels dans lesquelles figurent à la fois l'addition et la multiplication.

Ces algorithmes étaient plus ambitieux que l'algorithme d'Euclide ou que celui de l'addition, puisque les ensembles de propositions qu'ils permettaient de résoudre étaient plus vastes. L'algorithme de l'addition permet de décider la démontrabilité des propositions de la forme « $x + y = z$ », l'algorithme de Presburger permet de décider la démontrabilité non seulement de toutes ces propositions, mais aussi des propositions « il existe x et y tels que $x + x + x = y + y + 1$ », « pour tout x, il existe y tel que $x + x + x + x = y + y$ », « il existe x et y tel que $x + x = y + y + 1$ »…

L'algorithme de Tarski était plus ambitieux encore, car tous les problèmes de la géométrie d'Euclide peuvent se ramener à des problèmes sur les nombres réels, qui se formulent avec l'addition et la multiplication. Une conséquence de l'existence de l'algorithme de Tarski est que tous ces problèmes de géométrie peuvent se résoudre par le calcul. Alors que les Grecs avaient introduit le raisonnement pour résoudre des problèmes, en particulier de géométrie, qu'ils n'arrivaient pas à résoudre par le calcul, Tarski montrait, au moins dans le cas de la géométrie, que ce passage du calcul au raisonnement n'était rétrospectivement pas nécessaire, puisqu'un algorithme, que les Grecs n'avaient pas entrevu, pouvait se substituer au raisonnement.

Le problème de la décision

Une question s'est alors naturellement posée : qu'en était-il du langage mathématique en entier ? Certes, les Grecs avaient introduit le raisonnement pour résoudre des problèmes qu'ils n'arrivaient pas à résoudre par le calcul. Mais, *a posteriori*, rien ne garantissait qu'il n'existait pas un algorithme, que les Grecs n'auraient pas entrevu et qui aurait pu se substituer au raisonnement, comme dans le cas de la géométrie.

Le problème de trouver un algorithme pour décider si une proposition est démontrable ou non dans la logique des prédicats a été formulé par Hilbert dans les années vingt sous le nom de « problème de la décision ».

Quand un problème peut être résolu par un algorithme, on dit qu'il est « décidable » ou « calculable ». On dit aussi qu'une fonction, comme celle qui, à un couple de nombres, associe le plus grand diviseur commun de ces nombres, est « calculable » quand il existe un algorithme qui calcule la valeur $f(x)$ en utilisant la valeur x. Le problème de la décision de Hilbert peut donc se formuler ainsi : la fonction qui, à une proposition, associe le nombre 1 ou 0 selon que cette proposition est démontrable ou non est-elle calculable ?

Avec ce problème, la logique des prédicats n'apparaissait plus uniquement comme un ensemble de règles que l'on doit appliquer quand on construit une démonstration mathématique, elle devenait un objet d'étude en soi : on commençait à se poser des questions à propos de la logique des prédicats. Ce point distingue radicalement la pensée des mathématiciens de l'époque de Hilbert de celle des mathématiciens de l'époque d'Euclide. Pour les mathématiciens de l'Antiquité, les objets étudiés étaient les nombres et les figures géométriques, et le raisonnement ne constituait qu'une méthode. Pour les mathématiciens du XXe siècle, le raisonnement lui-même est un objet d'étude. L'apparition de la logique des prédicats qui explicite les règles de déduction a été une étape essentielle de ce processus. Des règles de déduction implicites suffisaient aux mathématiciens de l'Antiquité, mais une définition explicite était indispensable aux mathématiciens du XXe siècle.

La motivation de Hilbert pour proposer ce retour au calcul n'était pas uniquement pratique. Frege avait proposé une logique contradictoire dans laquelle on pouvait démontrer à la fois une chose et son contraire, ce qui avait amené Russell, puis Hilbert, à retoucher cette logique. La logique des prédicats, à laquelle ils avaient abouti, ne semblait pas contradictoire car personne n'y avait encore trouvé de paradoxe, mais rien n'assurait à Hilbert qu'elle n'allait pas subir à plus ou moins long terme le sort de la logique de Frege : que quelqu'un fasse deux démonstrations d'une chose et de son contraire sonnerait la fin de la logique des prédicats. Là se trouvait la principale motivation de Hilbert pour remplacer le raisonnement par un calcul qui indique si une proposition est vraie ou fausse. Dans ce cas, l'algorithme ne pourrait pas donner deux réponses différentes à la fois et la logique serait non contradictoire par construction.

L'élimination de l'infini

Le passage du calcul au raisonnement en Grèce, au Ve siècle avant notre ère, était dû à l'irruption de l'infini dans les mathématiques. Comment, alors que l'infini est partout en mathématiques, espérer revenir au calcul ? Pour le comprendre, prenons l'exemple d'un algorithme qui était connu depuis longtemps et qui permet de décider si une équation polynomiale, comme $x^3 - 2 = 0$ ou $x^3 - 8 = 0$, a une solution dans le domaine des nombres entiers. Cet algorithme peut être vu comme un algorithme de décision pour les propositions de la forme « il existe x tel que $P(x) = 0$ » où P est un polynôme. Tout d'abord, si l'on cherche uniquement des solutions entre 0 et 10, un algorithme simple consiste à essayer l'un après l'autre tous les nombres compris entre 0 et 10. Par exemple, avec le polynôme $x^3 - 2$, les résultats, –2, –1, 6, 25, 62, 123, 214, 341, 510, 727 et 998, sont tous différents de zéro, donc l'équation $x^3 - 2 = 0$ n'a pas de solution entière comprise entre 0 et 10. Parce qu'à partir du Ve siècle avant notre ère on cherche des solutions dans l'ensemble infini des nombres entiers, cette méthode a cessé de marcher et il a fallu substituer le raisonnement au calcul.

Mais, dans ce cas particulier, cette conclusion est hâtive : quand x est supérieur à 10, le nombre x^3 est supérieur à 1 000. Comment pourrait-il être égal à 2 ou à 8 ? Si l'une de ces deux équations a une solution, cette solution est nécessairement inférieure à 10, et énumérer les solutions potentielles de 0 à 10 suffit donc à décider si l'équation a une solution ou non. De manière plus générale, partant de n'importe quel polynôme, il est possible de calculer un nombre au-delà duquel le terme de plus haut degré est trop grand pour être contrebalancé par les autres termes, donc au-delà duquel il n'y a plus de solution. En énumérant les nombres inférieurs à cette borne, on peut répondre à la question de l'existence d'une solution dans le domaine infini des nombres entiers.

Il ne faut donc pas se laisser impressionner par le quantificateur « il existe » qui apparaît dans la proposition « il existe x tel que $x^3 - 2 = 0$ » et qui convoque simultanément l'infinité des nombres entiers. Dans certains cas, il est possible d'éliminer un tel quantificateur et de remplacer cette proposition par la proposition équivalente « il existe x compris entre 0 et 10 tel que $x^3 - 2 = 0$ », accessible au calcul. On appelle une telle méthode l'« élimination des quantificateurs », et c'est précisément par une telle méthode d'élimination des quantificateurs que Presburger, Skolem et Tarski avaient construit leurs algorithmes. Ni Presburger, ni Skolem, ni Tarski n'avaient réussi à montrer que l'on pouvait éliminer les quantificateurs quand on avait à la fois l'addition et la multiplication dans la théorie des nombres entiers, mais rien n'assurait à l'époque de Hilbert que c'était impossible. Et, au-delà de l'arithmétique, ne pouvait-on trouver une méthode similaire pour l'ensemble des mathématiques ?

Le théorème de Church

La solution au problème de la décision a été apportée indépendamment, en 1936, par Alonzo Church et Alan Turing, et elle est négative : il n'existe pas d'algorithme de décision pour la logique des prédicats. Il existe donc une différence de nature entre le raisonnement et le calcul, et le programme de Hilbert de remplacer le raisonnement par le calcul était voué à l'échec.

Comment Church et Turing ont-ils procédé pour démontrer ce théorème ? Nous avons vu qu'à partir du début du XXe siècle le raisonnement était devenu un objet d'étude en soi. Pour cela, il avait été nécessaire de donner une définition explicite des règles de déduction et de la grammaire des propositions utilisées dans ces raisonnements. D'une manière similaire, pour résoudre par la négative le problème de la décision, Church et Turing ont dû faire du calcul un objet d'étude en soi. Il ne leur suffisait pas, comme à Euclide ou aux mathématiciens du Moyen Âge, de proposer des algorithmes mais, pour pouvoir montrer qu'il n'existe pas d'algorithme pour résoudre un certain type de problème, il leur fallait une définition explicite des notions d'algorithme et de fonction calculable. Les mathématiciens des années trente ont donné de nombreuses définitions différentes : Jacques Herbrand et Kurt Gödel en ont proposé une – les équations de Herbrand et Gödel –, Alonzo Church une autre – le lambda-calcul –, Alan Turing une troisième – les machines de Turing –, Stephen Cole Kleene une quatrième – les fonctions récursives...

Toutes se sont révélées équivalentes *a posteriori* et elles ont plus ou moins en commun de décrire un processus de calcul comme une succession d'étapes de transformation. On utilise un tel processus de transformation quand, par exemple, pour calculer le plus grand diviseur commun de 90 et 21, on transforme successivement le couple de nombres (90, 21) en (21, 6) puis en (6, 3) puis en 3. Si l'on note pgcd(90, 21) le plus grand diviseur commun de 90 et 21, l'expression pgcd(90, 21) se transforme successivement en pgcd(21, 6) puis en pgcd(6, 3) et enfin en 3. On dit que l'expression pgcd(90, 21) se « réécrit » successivement en pgcd(21, 6), pgcd(6, 3) et 3. Cette notion de transformation, ou réécriture, est le point commun de toutes les définitions proposées par Herbrand et Gödel, Church, Turing, Kleene... et elle se trouve au centre de la théorie du calcul aujourd'hui.

L'algorithme d'Euclide, par exemple, est constitué de deux règles de calcul : la première permet de transformer l'expression pgcd(a, b) en pgcd(b, r) quand la division de a par b ne tombe pas juste et r est le reste de cette division, et la seconde permet de transformer l'expression pgcd(a, b) en b quand cette division tombe juste.

De manière troublante, cette définition du calcul comme transformation progressive d'une expression en une autre, guidée par un ensemble de règles, rapproche le calcul du raisonnement. Les règles de déduction, elles aussi, permettent de remplacer une expression par une autre. Par exemple, une règle de déduction permet de déduire la proposition *B* des propositions « si *A* alors *B* » et *A*. Ne peut-on pas la voir comme une règle de calcul qui transforme le problème de démontrer la proposition *B* en le problème de démontrer les propositions « si *A* alors *B* » et *A* ? Quelle est, au fond, la différence entre une règle de calcul et une règle de déduction ?

Les mathématiciens du début des années trente ont clairement identifié cette différence : quand on transforme l'expression pgcd(90, 21) en pgcd(21, 6), en pgcd(6, 3) puis en 3, on sait, en commençant la transformation, qu'après un certain nombre d'étapes on aboutira à un résultat et on s'arrêtera. En revanche, avec la règle qui permet de transformer la proposition *B* en les propositions « si *A* alors *B* » et *A*, on peut transformer une proposition à l'infini. La proposition *B* se transforme en « si *A* alors *B* » et *A* puis la proposition *A* peut se transformer de manière similaire, et ainsi de suite. De ce fait, si ce processus de transformation réussit quand la proposition est démontrable, il n'a en revanche aucun moyen d'échouer quand elle ne l'est pas et il poursuit alors la recherche à l'infini.

Pour qu'un ensemble de règles de calcul définisse un algorithme, il est nécessaire que ces règles aient une propriété supplémentaire qui assure que l'on aboutit toujours à un résultat après un nombre fini d'étapes : la terminaison. On peut alors opposer une notion de méthode de calcul au sens large, définie par un ensemble quelconque de règles de calcul, à une notion d'algorithme, définie par un ensemble de règles de calcul qui termine toujours. L'algorithme d'Euclide, par exemple, est un algorithme. Ce n'est pas le cas de la méthode définie par la règle suivante : « pgcd(a, b) se transforme en pgcd($a + b$, b) », car l'expression pgcd(90, 21) se transformerait en pgcd(111, 21) puis en pgcd(132, 21)... sans jamais aboutir à un résultat.

La question de Hilbert n'était donc pas de savoir si l'on pouvait remplacer le raisonnement par une méthode de calcul, car la réponse, positive, est assez évidente, puisqu'il suffit de reformuler chaque règle de déduction comme une règle de calcul, mais si l'on pouvait le remplacer par un algorithme, c'est-à-dire par un processus qui termine toujours et répond négativement quand la proposition n'est pas démontrable.

Les algorithmes objets du calcul

L'algorithme d'Euclide, ou celui de l'addition, s'appliquent à des nombres. Un algorithme peut aussi s'appliquer à d'autres types de données, comme les algorithmes du calcul intégral qui s'appliquent à des expressions fonctionnelles. Rien n'empêche de concevoir des algorithmes et des méthodes de calcul qui s'appliquent à des ensembles de règles de calcul.

Un exemple de méthode qui s'applique à des règles de calcul est une méthode appelée « interpréteur », qui s'applique à deux objets a et b dont le premier a est un ensemble de règles de calcul et qui calcule le résultat qu'aurait donné la méthode formée des règles a si on l'avait appliquée à b. Cette définition abstraite se comprend mieux sur un exemple. Nous avons vu que l'algorithme d'Euclide se décrivait par deux règles. Appelons *a* l'ensemble de ces deux règles et appelons *b* le couple formé par les nombres 90 et 21. Appliquer l'interpréteur *U* à *a* et *b* produit le résultat 3, que l'on aurait obtenu en appliquant l'algorithme d'Euclide au couple *b*. Naturellement, l'application de l'interpréteur *U* à *a* et *b* ne termine pas si l'application de la méthode formée des règles *a* à *b* ne termine pas. Cette notion d'interpréteur est, aujourd'hui, un outil de base de la théorie des langages de programmation : quand on invente un nouveau langage de programmation, il n'y a, *a priori*, pas d'ordinateur capable d'exécuter les programmes écrits dans ce langage. Pour l'utiliser, on commence par écrire dans un langage existant un interpréteur qui s'applique à un programme *a* écrit dans le nouveau langage et qui calcule le résultat de ce programme appliqué à une valeur *b*.

Le problème de l'arrêt

Une autre tentative de conception d'un algorithme qui s'applique à des règles de calcul mène au premier résultat négatif de la théorie de la calculabilité, c'est-à-dire au premier résultat qui montre qu'un certain problème ne peut pas être résolu par le calcul. Il s'agit d'une tentative de concevoir un algorithme *A* qui, comme l'interpréteur, s'applique à deux objets *a* et *b*, où *a* est un ensemble de règles de calcul, et indique si la méthode formée des règles *a* termine ou non quand on l'applique à la valeur *b*. Appliquer *A* à *a* et *b* donnerait donc le résultat 1, si la méthode formée des règles *a* termine quand on l'applique à *b*, et 0 sinon.

Or un tel algorithme s'avère ne pas exister. Pour montrer qu'il n'existe pas, Turing et, indépendamment, Church et Kleene ont construit en 1936 une démonstration par l'absurde qui consiste à montrer que l'hypothèse de son existence a des conséquences contradictoires et, donc qu'elle est fausse. Tout d'abord, si un tel algorithme existait, il ne serait pas difficile de l'utiliser pour construire une méthode *B* qui, comme l'algorithme *A*, s'applique à deux objets *a* et *b*, teste si *a* est une méthode qui termine quand on l'applique à la valeur *b*, se lance dans un calcul qui ne termine pas si c'est le cas et termine dans le cas contraire. Si une telle méthode *B* existait, on pourrait l'utiliser pour construire une troisième méthode C qui s'appliquerait à un objet unique *a* et appliquerait *B* à *a* et *a*. On pourrait alors appliquer C à C. Ce calcul terminerait-il ou non ?

Par définition de C, appliquer C à C revient à appliquer *B* à C et C. Or la méthode *B* termine quand on l'applique à C et C si C ne termine pas quand on l'applique à C. Donc, appliquer C à C donnerait un calcul qui termine s'il ne termine pas, ce qui est contradictoire. Cette contradiction montre que la méthode C ne peut pas exister, donc la méthode *B* non plus, donc l'algorithme *A* non plus.

Ce théorème qui montre que le problème de l'arrêt ne peut pas être résolu par un algorithme s'appelle le « théorème d'indécidabilité du problème de l'arrêt ». L'application au problème de la décision de Hilbert est finalement l'étape la plus simple, comme l'ont presque immédiatement compris Church et Turing, encore une fois de manière indépendante. La logique des prédicats a été conçue pour permettre l'expression de toutes les mathématiques. Elle permet d'exprimer des propositions de la forme « la méthode définie par les règles *a* appliquée à la valeur *b* termine ». Encore une fois, faisons un raisonnement par l'absurde. S'il existait un algorithme pour déterminer si une proposition était démontrable dans la logique des prédicats ou non, elle pourrait, en particulier, déterminer si une proposition de cette forme est démontrable ou non, donc déterminer si l'algorithme *a* termine ou non sur la valeur *b*, en contradiction avec le théorème d'indécidabilité du problème de l'arrêt. Ce résultat – il n'existe pas d'algorithme pour décider si une proposition est démontrable dans la logique des prédicats ou non –, bien qu'il ait lui aussi été démontré indépendamment par Church et Turing, porte le nom de « théorème de Church ».

Le calcul et le raisonnement sont donc bien deux choses différentes : certains problèmes mathématiques ne peuvent pas être résolus par le calcul et demandent de raisonner, ils nécessitent ce passage des mathématiques de la préhistoire, constituées exclusivement d'algorithmes, aux mathématiques grecques.

Analytique ne signifie pas évident

Le théorème de Church éclaire d'une lumière nouvelle la notion de jugement analytique, en particulier sa relation avec la notion d'évidence. Les exemples traditionnels de jugements analytiques, ou tautologiques, ont souvent des airs d'évidence : un triangle a trois angles, un herbivore mange de l'herbe, un sou est un sou… Jusque dans le langage courant, « tautologie » est synonyme de « truisme » et de « lapalissade ». De même, dire qu'une chose est vraie « par définition » est souvent un moyen de dire qu'elle est une évidence.

On comprend, de ce fait, pourquoi de nombreux mathématiciens se sont montrés réticents quand Frege, puis d'autres, ont proposé la thèse selon laquelle tous les jugements mathématiques étaient analytiques.

Plus généralement, une vieille critique faite au raisonnement logique est qu'il n'apporte rien de nouveau puisqu'il ne fait que rendre explicite ce qui était implicite dans les axiomes. Par exemple, le syllogisme « tous les hommes sont mortels, Socrate est un homme, donc Socrate est mortel » ne semble rien apporter de nouveau, puisque, Socrate étant un homme, la conclusion « Socrate est mortel » est implicitement contenue dans la prémisse « tous les hommes sont mortels ».

Le théorème de Church vient balayer ces arguments : certes, le raisonnement logique ne fait que révéler des vérités implicitement contenues dans les axiomes mais, contrairement à l'impression que laisse le syllogisme « tous les hommes sont mortels, Socrate est un homme, donc Socrate est mortel », ces vérités, même implicitement contenues dans les axiomes, sont loin d'être des évidences ou des truismes. Si elles l'étaient, il existerait un algorithme permettant de savoir quelles conclusions on peut tirer d'un ensemble d'axiomes, or le théorème de Church montre précisément le contraire. Cela signifie que cette opération consistant à rendre explicite ce qui était implicite – le raisonnement – est loin d'être insignifiante. Pour ceux qui aiment les métaphores, on peut la comparer au travail d'un chercheur d'or qui passe au tamis le sable d'une rivière pendant des mois pour y trouver une pépite. Certes, la pépite était déjà dans le sable mais il serait excessif de dire qu'il suffisait de se baisser pour la ramasser. Même si le résultat était implicitement contenu dans les axiomes, le rendre explicite apporte de l'information et de la connaissance.

Cette distinction entre « analytique » et « évident » peut se raffiner en prenant en compte la quantité de calculs à effectuer pour obtenir un résultat. Même quand il existe un algorithme pour répondre à une question, si cet algorithme demande de longs calculs, on peut considérer que sa réponse n'est pas une évidence. Par exemple, il existe de nombreux algorithmes pour déterminer si un nombre est premier ou composé ; pourtant, déterminer la primalité d'un grand nombre peut demander des années de calcul. Dans ce cas, on ne peut pas dire, malgré l'existence de l'algorithme, que la primalité d'un nombre est une chose évidente, comme l'est sa parité qui, elle, ne demande que de regarder le dernier chiffre.

Cette erreur, qui consiste à confondre « calculable » et « analytique », est fréquente dans les discussions sur la mathématisation des sciences de la nature. Ainsi, on entend parfois que, puisque la mécanique a été mathématisée – c'est-à-dire transformée en une théorie axiomatique – au XVIIe siècle, résoudre un problème de mécanique – comme prédire la position d'une planète à une date future – ne demande plus qu'un simple calcul. Cet argument est contradictoire avec le théorème de Church : une fois la mécanique mathématisée, la résolution d'un problème demande non un calcul mais un raisonnement.

Une autre question est de savoir si, au lieu de l'exprimer par un ensemble d'axiomes, on peut exprimer la mécanique par un ensemble d'algorithmes : nous aurons l'occasion d'en rediscuter.

CHAPITRE V

La thèse de Church

La tentative de résoudre le problème de la décision de Hilbert et le résultat négatif auquel cette tentative a abouti, le théorème de Church, ont poussé les mathématiciens des années trente à préciser ce qu'était un algorithme et à en proposer plusieurs définitions : les équations de Herbrand et Gödel, le lambda-calcul de Church, les machines de Turing, les fonctions récursives de Kleene, la réécriture... Ces définitions proposent chacune un langage dans lequel exprimer un algorithme : on dirait aujourd'hui que chacune définit un « langage de programmation ».

Ces définitions se sont révélées équivalentes *a posteriori* : si un algorithme peut être défini dans l'un de ces langages, on peut traduire cette définition dans n'importe quel autre. Cette équivalence des définitions est l'un des succès de la théorie de la calculabilité : elle est le signe que l'on a atteint un concept absolu de calcul, indépendant des formes accidentelles que prend tel ou tel langage d'expression des algorithmes.

Une question n'a, cependant, pas manqué de se poser aux mathématiciens des années trente : cette notion de calcul est-elle « la » notion de calcul, ou est-il possible que, dans le futur, d'autres mathématiciens proposent d'autres langages, dans lesquels puissent s'exprimer davantage d'algorithmes ? La plupart des mathématiciens des années trente ont pensé que ce n'était pas le cas, donc que la notion de calcul définie par les machines de Turing, le lambda-calcul… était la bonne notion de calcul. Cette thèse est appelée la « thèse de Church » bien que, encore une fois, plusieurs mathématiciens, en particulier Turing, aient proposé des thèses similaires.

La notion commune de calcul

La thèse de Church affirme l'identité de deux notions : la notion de calcul telle que définie par le lambda-calcul, les machines de Turing… et la notion « commune » de calcul. Une des difficultés pour formuler avec précision cette thèse vient du fait que cette notion « commune » de calcul est floue. Ainsi, quand on formule la thèse de Church en disant qu'aucun langage d'expression d'algorithmes proposé dans le futur ne sera plus puissant que les langages que nous connaissons aujourd'hui, ou que tous les algorithmes qui seront proposés dans le futur pourront être exprimés dans les langages que nous connaissons aujourd'hui, on semble davantage lire dans le marc de café qu'énoncer une thèse scientifique. Dès les années trente, on a donc tenté de préciser cette notion « commune » d'algorithme pour donner à la thèse de Church une formulation plus précise.

Il existe, en fait, deux manières de préciser cette notion d'algorithme, selon que le calcul doit être effectué par un mathématicien ou par un système physique – une machine. Cela mène à distinguer deux variantes de la thèse de Church que l'on peut appeler la forme « psychologique » et la forme « physique » de la thèse de Church. La forme psychologique de la thèse de Church est que tous les algorithmes qu'un être humain est capable d'exécuter pour résoudre un certain problème peuvent être exprimés par un ensemble de règles de calcul. La forme physique de la thèse de Church est que tous les algorithmes qu'un système physique, une machine, est capable d'exécuter systématiquement pour résoudre un certain problème peuvent être exprimés par un ensemble de règles de calcul.

Si l'on suppose une thèse matérialiste, selon laquelle les êtres humains font partie de la nature, donc n'ont pas de facultés surnaturelles, alors la forme psychologique est une conséquence de la forme physique de la thèse de Church.

Mais il importe de remarquer que, même dans ce cas, les deux thèses ne sont pas équivalentes. La thèse physique n'est, en aucune manière, une conséquence de la thèse psychologique. Il se pourrait que la nature soit capable de calculer plus de choses qu'un être humain. Certains systèmes physiques, comme les calculatrices, peuvent calculer plus de choses que les moineaux, et rien n'exclut, *a priori*, qu'il en soit de même avec les êtres humains. Cependant, si la forme physique de la thèse de Church est vraie, c'est-à-dire si tous les algorithmes qu'un système physique est capable de calculer peuvent être exprimés par un ensemble de règles de calcul, alors tout ce que la nature est capable de calculer, un être humain est capable de le calculer. Cela signifie que l'être humain fait partie des meilleurs calculateurs de la nature : il n'existe rien dans la nature, animal, machine... qui calcule mieux qu'un être humain. Cette thèse, que l'on peut appeler la « complétude calculatoire des êtres humains » est, en quelque sorte, la thèse réciproque du matérialisme. Elle peut se défendre indépendamment de la thèse de Church.

Enfin, si la forme psychologique de la thèse de Church et la thèse de complétude calculatoire des êtres humains sont vraies, alors la forme physique de la thèse de Church aussi. En effet, dans ce cas, tout ce que la nature est capable de calculer peut être calculé par un être humain et tout ce qui peut être calculé par un être humain peut être exprimé par un ensemble de règles de calcul.

Un peu de formalisation peut aider à mieux comprendre les relations entre ces différentes thèses. Il existe trois ensembles d'algorithmes : l'ensemble *R* des algorithmes exprimables par un ensemble de règles de calcul, l'ensemble *M* des algorithmes qui peuvent être calculés par un système physique et l'ensemble *H* des algorithmes qui peuvent être calculés par un être humain.

Avec ces trois ensembles, on peut former six thèses de la forme « tel ensemble est inclus dans tel autre ». Deux d'entre elles, $R \subseteq M$ et $R \subseteq H$, sont certainement vraies.

Les quatre autres sont :

– la forme physique de la thèse de Church : $M \subseteq R$,

– la forme psychologique de la thèse de Church : $H \subseteq R$,

– la thèse matérialiste $H \subseteq M$,

– et la thèse de complétude calculatoire des êtres humains : $M \subseteq H$.

En utilisant le fait que, si un ensemble *A* est inclus dans un ensemble *B*, lui-même inclus dans un ensemble *C*, alors *A* est inclus dans *C*, on peut déduire quatre relations entre ces thèses :

– si la forme physique de la thèse de Church et la thèse matérialiste $H \subseteq M$ sont vraies, la forme psychologique de la thèse de Church l'est aussi,

– si la forme physique de la thèse de Church est vraie, la thèse de complétude calculatoire des êtres humains l'est aussi,

– si la forme psychologique de la thèse de Church et la thèse de complétude calculatoire des êtres humains sont vraies, la forme physique de la thèse de Church l'est aussi,

– enfin, si la forme psychologique de la thèse de Church est vraie, la thèse matérialiste $H \subseteq M$ l'est aussi.

La forme physique de la thèse de Church

Aucune des deux formes de la thèse de Church ne peut être démontrée par des moyens purement mathématiques, car l'une et l'autre utilisent des concepts extérieurs aux mathématiques : le concept d'être humain, pour l'une, et le concept de système physique, pour l'autre. C'est donc seulement à partir de principes de psychologie ou de physique que l'on peut argumenter pour ou contre ces thèses.

Une démonstration de la forme physique de la thèse de Church a été proposée par Robin Gandy en 1978. Cette démonstration suppose d'abord que l'espace physique est l'espace géométrique ordinaire à trois dimensions. Elle pose ensuite deux hypothèses sur la nature physique : la finitude de la densité de l'information et la finitude de la vitesse de transmission de l'information. La première hypothèse signifie qu'un système physique de taille finie ne peut être que dans un nombre fini d'états différents. La seconde signifie que l'état d'un système ne peut influencer l'état d'un autre système qu'après un délai, proportionnel à la distance entre ces deux systèmes.

La démonstration de Gandy concerne un système physique que l'on décide d'observer à des instants successifs, par exemple toutes les secondes ou toutes les microsecondes. Tout d'abord, si ce système est de taille finie, il ne peut être, d'après la première hypothèse, que dans un nombre fini d'états et son état à un instant donné ne dépend que de son état à l'instant précédent. On peut en déduire que l'état du système à chaque instant peut être calculé à partir de son état initial par un ensemble de règles de calcul, c'est-à-dire que tout ce que ce système physique peut calculer peut aussi être calculé par un ensemble de règles de calcul.

Cependant, supposer *a priori* le système de taille finie n'est pas satisfaisant. Bien entendu, quand on effectue une multiplication, on utilise une feuille de papier de dimension finie ; mais l'algorithme de la multiplication ne se limite pas aux nombres que l'on peut écrire sur cette feuille. Il faut donc, pour définir la notion physique de calcul, supposer un système de taille infinie.

Gandy a alors proposé de découper un tel système en un ensemble infini de cellules identiques de taille finie. D'après la première hypothèse, à chaque instant, chaque cellule ne peut se trouver que dans un nombre fini d'états. D'après la seconde, l'état d'une cellule à un instant donné ne peut dépendre que de son état et de l'état d'un nombre fini de cellules voisines à l'instant précédent. Au début du calcul, toutes les cellules sont dans le même état de repos, sauf un nombre fini d'entre elles et le système évolue étape par étape. Après un nombre d'étapes fixé à l'avance, ou alors quand l'une des cellules arrive dans un certain état, le calcul est terminé et l'état de l'ensemble des cellules en est le résultat. Gandy a montré que l'état du système à chaque instant peut être calculé en fonction de l'état initial par un ensemble de règles de calcul, donc que tout ce que ce système physique peut calculer peut tout aussi bien être calculé par un ensemble de règles de calcul.

L'argument de Gandy, tel que nous l'avons présenté, s'applique uniquement aux systèmes déterministes dont l'état initial conditionne entièrement l'évolution. Il est facile de le généraliser aux systèmes non déterministes. Il suffit pour cela de substituer aux états du système des ensembles d'états possibles.

Il importe, en outre, de remarquer que l'argument de Gandy ne suppose pas que la nature soit discrète, c'est-à-dire découpée en cellules. Ce découpage de l'espace et du temps est un artifice méthodologique, et la finitude du nombre d'états d'une cellule et du nombre de cellules influençant l'état d'une cellule à l'instant suivant n'est qu'une conséquence des deux hypothèses de finitude de la densité et de la vitesse de transmission de l'information.

De même, il n'y a dans cette démonstration aucun point de vue qui réduirait la nature à un ordinateur, point de vue homologue, pour notre époque, au point de vue mécaniste qui, au XVIIIe siècle, réduisait la nature à une vaste horloge. Mais, sans point de vue de ce type, on peut s'interroger, parmi d'autres propriétés de la nature, sur les calculs que peut effectuer un système physique.

En revanche, on peut critiquer les hypothèses de Gandy qui supposent un espace géométrique classique auquel on ajoute deux principes issus de la physique moderne : la finitude de la densité et de la vitesse de transmission de l'information. On peut donc s'interroger sur la validité de la thèse de Church quand on pose d'autres hypothèses sur la nature, comme le font la physique quantique, la théorie relativiste de la gravitation... Même s'il est difficile d'être catégorique dans un monde dans lequel de nouvelles théories physiques apparaissaient chaque jour, il semble bien que, pour des raisons voisines de celles avancées par Gandy, la thèse de Church soit valide dans ces théories, et qu'aucune d'elles ne permet de démontrer l'existence d'un système physique qui calculerait davantage de choses qu'un ensemble de règles de calcul.

La mathématisabilité de la nature

La thèse de Church éclaire d'une lumière nouvelle le vieux problème philosophique de l'efficacité des concepts mathématiques pour décrire la nature.

Commençons par illustrer le problème à l'aide d'un exemple classique : quand, au XVIIe siècle, Johannes Kepler, après Tycho Brahé, a observé le mouvement des planètes autour du Soleil, il s'est aperçu que les trajectoires de ces planètes étaient des ellipses. Cette notion d'ellipse n'a pourtant pas été inventée au XVIIe siècle pour décrire le mouvement des planètes : elle était connue au Ve siècle avant notre ère. Comment se fait-il que cette notion, développée dans l'Antiquité pour des raisons indépendantes de la mécanique céleste, se révèle si efficace pour décrire le mouvement des planètes ? De manière plus générale, comment se fait-il que les planètes dessinent une figure géométrique simple ou, ce qui revient au même, comment se fait-il que leur mouvement se laisse décrire par une expression mathématique? Albert Einstein résumait cet étonnement en disant que ce qui est incompréhensible, c'est que le monde soit compréhensible.

Jusqu'au XVIe siècle, on pouvait balayer cette question en répondant que la nature n'obéissait pas à des lois mathématiques. C'est le point de vue dominant dans la philosophie aristotélicienne de la fin du Moyen Âge. Mais les succès de la physique mathématique n'ont cessé de se multiplier depuis et l'on est bien obligé de constater que, comme le disait Galilée, le grand livre de la nature est écrit en langage mathématique.

Plusieurs tentatives d'explication de cette surprenante mathématisabilité des lois de la nature ont été apportées. L'une d'elles pose l'hypothèse que la nature a été créée par un Dieu mathématicien qui a choisi d'écrire le grand livre de la nature en langage mathématique et qui a choisi l'ellipse comme trajectoire des planètes. Cette explication résout le problème mais, comme elle est difficile à tester, il n'y a pas de raison de la préférer à une autre. En outre, elle ne fait qu'expliquer un mystère par un autre, puisqu'il reste à expliquer pourquoi Dieu est mathématicien.

Une autre explication est que les hommes ont développé les concepts mathématiques en abstrayant des concepts issus de l'observation de la nature et que, de ce fait, il n'y a pas à s'étonner de la ressemblance entre les objets de la nature et les objets mathématiques. Cet argument, qui explique peut-être l'efficacité de certains concepts mathématiques pour décrire les phénomènes de la nature, n'explique pas l'efficacité du concept d'ellipse pour décrire le mouvement des planètes, car celui-là n'a pas été construit en observant celui-ci.

Une autre explication est que les scientifiques sélectionnent habilement les phénomènes qu'ils observent pour se concentrer sur ceux qui sont mathématisables et négliger les autres : par exemple, si le mouvement de deux corps – le Soleil et une planète – est facile à décrire mathématiquement, on sait depuis les travaux de Poincaré à la fin du XIXe siècle que celui de trois corps est plus difficile à décrire mathématiquement. Et, par un heureux hasard, les physiciens du XVIIe siècle se sont davantage intéressés au problème du mouvement de deux corps qu'au problème du mouvement de trois corps. Cet argument a une certaine pertinence mais ne suffit pas, car il laisse entier le problème de la raison pour laquelle certains phénomènes, sinon tous, sont mathématisables.

Une autre explication est que nous simplifions souvent les phénomènes de manière à les rendre mathématisables. Ainsi, les trajectoires des planètes sont des ellipses approximatives à cause de l'attraction mutuelle des planètes, attraction que l'on néglige souvent, parce qu'elle est faible, mais aussi parce que cela simplifie le problème. Cet argument n'est pas sans posséder une certaine vérité, mais il laisse entier le problème de la raison pour laquelle les phénomènes naturels se laissent si bien approximer, sinon décrire, par les concepts mathématiques.

Une dernière explication repose sur l'hypothèse matérialiste que nous faisons partie de la nature, raison pour laquelle nos concepts mathématiques peuvent la décrire. Cette explication présente l'inconvénient de supposer que l'on comprend mieux un mécanisme de l'intérieur que de l'extérieur, alors que nous avons souvent l'impression du contraire : si nous comprenons aujourd'hui le fonctionnement du foie, ce n'est pas parce que nous avons un foie et que l'introspection nous a révélé son fonctionnement mais, bien davantage, parce qu'un certain nombre d'expérimentateurs ont observé le foie des autres.

Dans certains cas, le fait qu'un phénomène semble obéir à une loi mathématique s'explique de lui-même quand on comprend mieux ce phénomène. Imaginons que l'explorateur que nous avons laissé en train de réfléchir à la signification du mot « poisson » poursuive l'exploration de son île et découvre une espèce inconnue d'arbres fruitiers. Il cueille quelques fruits et les pèse. Il s'aperçoit avec étonnement que ces fruits ont des masses très différentes et que ces masses sont toujours des multiples de la masse du plus léger qu'il décide d'utiliser comme unité. Il existe des fruits de masse 1, d'autres de masse 12, d'autres encore de masse 16... mais il ne trouve pas de fruit de masse 45. Il prédit l'existence de ces fruits et, poursuivant son exploration, finit par en découvrir. Il est étonnant que la nature obéisse si rigoureusement à une loi arithmétique, à tel point que les observations qui s'éloignent de cette loi sont, en réalité, incomplètes. Mais, un jour, l'explorateur parvient à couper ces fruits et se rend compte que l'essentiel de leur masse est dû aux graines qui en constituent le noyau. Ces graines sont identiques et ont la même masse : les fruits de masse 12 sont simplement des fruits dont le noyau contient douze graines et l'explorateur n'avait pas eu la chance de découvrir des fruits dont le noyau contenait quarante-cinq graines lors de ses premières observations. Cette régularité mathématique de la masse des fruits, qui avait amené l'explorateur à supposer l'existence d'un Dieu mathématicien qui aurait créé ces fruits selon une structure arithmétique choisie, a finalement une explication plus prosaïque. Certes, tout n'est pas éclairé par cette découverte et il reste, par exemple, à expliquer pourquoi les graines ont une masse identique, mais la régularité arithmétique, elle, est expliquée.

Une telle aventure s'est produite au XIXe siècle quand les chimistes, comme Dmitri Mendeleïev, ont remarqué que les masses atomiques des éléments chimiques se répartissaient selon une structure arithmétique régulière, avec trois exceptions pour les masses atomiques 45, 68 et 70 qui manquaient. Cela a amené Mendeleïev à prédire l'existence de trois éléments chimiques que l'on a découverts par la suite : le scandium, le gallium et le germanium. Cette régularité arithmétique de la masse des éléments chimiques avait de quoi étonner. Mais la situation est apparue moins miraculeuse quand on s'est aperçu que l'essentiel de la masse des atomes est dû aux particules qui constituent leur noyau et qui ont à peu près la même masse, et que l'on a compris que Mendeleïev avait prédit la possibilité, pour un atome, d'avoir un noyau composé de quarante-cinq particules. Il n'est pas impossible que la miraculeuse régularité mathématique des particules élémentaires reçoive, dans un futur plus ou moins lointain, une explication similaire, reposant sur la décomposition des particules élémentaires en entités plus petites.

En revanche, un argument de ce type ne semble pas possible pour expliquer la régularité géométrique du mouvement des planètes. Il semble y avoir plusieurs sortes de régularités mathématiques des phénomènes et, au lieu de chercher une explication globale, il est peut-être sage de chercher des explications différentes pour différents types de régularités : l'explication est peut-être différente de l'efficacité des mathématiques en chimie et en mécanique céleste.

Concentrons-nous sur un unique phénomène, qui n'est pas

indépendant de celui de la forme du mouvement des planètes : la loi de la chute des corps. Laissons tomber une balle du haut d'une tour et mesurons la distance que la balle parcourt en une seconde, en deux secondes, en trois secondes... et supposons que l'on ait réussi à faire le vide autour de la tour. L'observation de ce phénomène montre qu'il suit une loi mathématique simple : la distance parcourue est proportionnelle au carré du temps. On exprime cette loi par la proposition $d = 1/2\ gt^2$ (où $g = 9{,}81\ ms^{-2}$).

Il convient d'expliquer plusieurs mystères. Le premier est que, si l'on répète l'expérience, le résultat reste identique : la distance parcourue pendant la première seconde est toujours la même. La chute des corps est un phénomène déterministe et, sur ce mystère, la thèse de Church semble ne rien avoir à dire. Un second mystère est que le lien entre le temps et la distance puisse être exprimé par une proposition mathématique : $d = 1/2\ gt^2$, et, sur ce point, la thèse de Church a peut-être quelque chose à dire.

Le système physique constitué de la tour, de la balle, du chronomètre qui permet de mesurer le temps et de la toise qui permet de mesurer les hauteurs est une machine à calculer. En choisissant une durée, disons quatre secondes, en laissant la balle en chute libre pendant cette durée et en mesurant la distance qu'elle a parcourue (78,48 m), on a effectué un calcul sur cette machine qui a transformé une valeur (4) en une autre (78,48). D'après la thèse de Church, ce que calcule cette machine à calculer d'un type particulier aurait aussi bien pu être calculé par un ensemble de règles de calcul. Dans ce cas, l'algorithme qui donne le même résultat que cette machine analogique consiste à élever un nombre au carré, à le multiplier par 9,81 puis à le diviser par 2. Dès lors que l'on a exprimé cet algorithme dans le langage des règles de calcul, on lui a donné une forme mathématique. La thèse de Church, dans sa forme physique, implique que la loi de la chute des corps peut être exprimée en langage mathématique.

Cette thèse devient soudain plus mystérieuse : elle semblait affirmer, au premier abord, que le langage des règles de calcul, et les langages équivalents, étaient suffisamment puissants pour exprimer tous les algorithmes possibles. Elle affirmait donc quelque chose sur la notion de calcul. En fait, comme l'a souligné David Deutsch, la forme physique de la thèse de Church énonce également une propriété de la nature. Et une conséquence de cette propriété de la nature est que les lois de la nature sont capturées par cette notion de règle de calcul, ce qui explique qu'elles soient mathématisables.

Il faut maintenant regarder d'un œil nouveau l'argument de Gandy qui démontre la thèse de Church : si la thèse de Church est vraie, nous dit Gandy, c'est parce que la densité et la vitesse de transmission de l'information sont finies. En mettant ces arguments bout à bout, on arrive à l'idée que, parce que la densité et la vitesse de transmission de l'information sont finies, la loi de la chute des corps peut être décrite en langage mathématique.

La mathématisabilité des lois de la nature semble donc une conséquence de la finitude de la densité et de la vitesse de transmission de l'information. Cependant, la forme physique de la thèse de Church donne une certaine robustesse à ce raisonnement : si les physiciens abandonnaient ces hypothèses et si d'autres propriétés de la nature venaient justifier la thèse de

Church, cette explication de la raison pour laquelle la nature est mathématisable resterait valable.

La forme physique de la thèse de Church implique donc la mathématisabilité des lois de la nature. Si l'on suppose la forme psychologique de la thèse de Church et la complétude calculatoire des êtres humains, on peut en déduire, dans un premier temps, la forme physique de la thèse de Church et, dans un second, que la nature est mathématisable. On peut, en fait, donner un argument plus direct qui montre que, si la forme psychologique de la thèse de Church et la thèse de complétude calculatoire des êtres humains sont vraies, la nature est mathématisable. Il suffit de remarquer que, si les êtres humains sont les meilleurs calculateurs de la nature, un être humain est capable de calculer la distance parcourue par une balle en un temps donné, puisque la nature est capable de le faire. Et, d'après la forme psychologique de la thèse de Church, puisqu'un être humain est capable de le calculer, l'algorithme qui transforme la durée de la chute en sa longueur peut être exprimé par un ensemble de règles de calcul, donc par une proposition mathématique.

Cette formulation a l'avantage de rapprocher cette explication de la dernière tentative d'explication esquissée précédemment : nous faisons partie de la nature, raison pour laquelle nos concepts mathématiques peuvent la décrire. Mais, au lieu de supposer naïvement que le fait de faire partie d'un système est suffisant pour le comprendre de l'intérieur, cette explication ne fait qu'utiliser notre appartenance à la nature pour mettre en relation notre capacité de calcul avec celle de la nature. De cette équivalence se déduit non pas la connaissance des lois de la nature, mais simplement la potentialité de leur description: potentialité qui reste à mettre en œuvre.

L'idée que la mathématisabilité des lois de la nature soit une conséquence de la thèse de Church est dans l'air depuis une dizaine d'années. On peut trouver des thèses voisines, sous la plume de David Deutsch ou de John Barrow, par exemple. Cependant, l'un et l'autre mêlent à la thèse de Church d'autres notions, comme celles d'interpréteur universel ou de complexité, qui ne me semblent pas nécessaires.

Il reste bien des points à éclaircir dans cette ébauche d'explication. D'abord, même si la loi de la chute des corps peut être exprimée par une proposition, rien n'explique pourquoi la proposition est si simple. Les arguments selon lesquels les scientifiques sélectionnent des phénomènes mathématisables ou les approximent de manière à les rendre mathématisables peuvent revêtir ici une certaine pertinence, à condition de remplacer le mot « mathématisable » par le mot « simple ». Ensuite, il reste à caractériser le type de régularité mathématique que l'on peut expliquer ainsi.

Cette ébauche d'explication a, cependant, au moins le mérite de mettre en relation cette question, *a priori* purement épistémologique, de la mathématisabilité de la nature avec des propriétés objectives de la nature: la finitude de la densité et de la vitesse de transmission de l'information, la thèse de Church... D'un point de vue méthodologique, elle a le mérite de nous montrer que, pour comprendre pourquoi la nature est mathématisable, c'est-à-dire que ses lois sont exprimables dans un langage, il faut peut-être chercher du côté des propriétés de la nature, non uniquement du côté des propriétés du langage.

La forme des lois de la nature

Cette explication a aussi le mérite de nous amener à réfléchir sur la forme mathématique des théories de la nature. La constatation de Galilée que le grand livre de la nature était écrit en langage mathématique a poussé les physiciens à décrire les lois de la nature par des propositions mathématiques. Par exemple, la distance parcourue par une balle en chute libre et le temps mis pour parcourir cette distance sont mis en relation par la proposition $d = 1/2\ gt^2$.

La chose à expliquer, après Galilée, est la raison pour laquelle une telle proposition existe. Si l'on accepte la thèse selon laquelle cette proposition existe parce qu'il existe un algorithme qui permet de calculer *d* quand on connaît *t*, on peut se donner comme objectif de mettre en relation ces grandeurs physiques, non par une proposition, mais par un algorithme. Certes, dans cet exemple, il n'est pas difficile, quand on connaît *t*, de résoudre l'équation et de calculer *d*. Mais, si la nature est non seulement mathématisable mais aussi calculatoire, aucune raison ne justifie de se limiter à vouloir exprimer ses lois par des propositions et on peut avoir l'ambition de les exprimer par des algorithmes.

Ce travail de reformulation algorithmique des sciences de la nature a, en fait, déjà été mené à bien dans au moins un domaine : la grammaire. Pour comprendre pourquoi la grammaire d'une langue est une science de la nature, comme la physique ou la biologie, il faut se mettre dans la peau de l'explorateur qui, après ses expériences de botanique, découvre un peuple parlant cette fois une langue inconnue et cherche à décrire cette langue. Comme un physicien ou un biologiste, l'explorateur est confronté à des faits qui, dans ce cas particulier, sont des faits d'énonciation, et il est amené à construire une théorie pour les expliquer, pour expliquer pourquoi telle phrase peut être énoncée, mais telle autre non. Cette théorie s'appelle une grammaire. Une grammaire du français, par exemple, doit expliquer pourquoi la phrase « le petit chat est mort » peut être énoncée, non la phrase « est le chat mort petit ».

Traditionnellement, une grammaire s'énonce par un ensemble de propositions, que l'on appelle des « règles de grammaire », par exemple, « l'adjectif s'accorde avec le nom » en grammaire du français, ou « l'adjectif est invariable » en grammaire de l'anglais. Ces règles permettent de déduire que la phrase « les petits chats sont morts » est bien formée, pas la phrase « les petit chats sont morts ».

Ces faits d'énonciation se déroulent dans la nature et la thèse de Church implique qu'il existe un algorithme, ou au moins une méthode de calcul, qui indique si une phrase est correcte ou non dans cette langue. D'un point de vue matérialiste, le fait que des êtres humains soient impliqués dans le processus d'énonciation ne change rien au fait que ces phénomènes doivent se plier aux mêmes règles que les autres phénomènes naturels.

Dans ce cas particulier, il n'est, cependant, pas nécessaire d'invoquer les grands principes : pour que les locuteurs puissent utiliser une langue, le minimum est qu'ils puissent décider si une phrase est bien formée ou non. D'après la forme psychologique de la thèse de Church, il faut donc qu'il existe un algorithme, ou au moins une méthode de calcul, qui permette de décider si une phrase est bien formée ou non. Une grammaire doit donc pouvoir se formuler non seulement comme un ensemble de propositions, mais aussi comme un algorithme.

À la fin des années cinquante, Noam Chomsky a proposé d'exprimer les grammaires des langues naturelles sous une forme algorithmique, et il a proposé un langage d'expression des algorithmes qui permet de définir une grammaire sous une forme algorithmique, sans trop s'éloigner de la manière traditionnelle d'exprimer les grammaires comme des ensembles de règles.

Quand on cherche à concevoir un algorithme qui indique si une phrase est bien formée ou non, en français, par exemple, de nombreux problèmes se posent que la formulation traditionnelle des grammaires masquait. Par exemple, pour vérifier si les adjectifs sont accordés avec le nom dans la phrase « les petits chats sont morts », il faut commencer par y repérer les adjectifs. Ce qui nous amène à nous demander comment nous savons que « petit » est un adjectif et qu'il qualifie le nom « chat », ou encore à nous demander comment un explorateur, membre d'une tribu indienne, qui souhaiterait étudier notre langue, pourrait repérer les adjectifs dans une phrase. Est-ce parce que le dictionnaire nous l'indique que nous savons que « petit » est un adjectif ? Est-ce parce que nous connaissons la signification des mots « petit » et « chat » ? Est-ce parce que le mot « petits » est placé avant le mot « chats » ? Ou est-ce précisément parce qu'ils sont accordés ? Le projet de reformuler les grammaires des langues naturelles comme des algorithmes a ainsi apporté à la grammaire et à la linguistique de nouvelles questions sur les langues et sur les processus par lesquels notre cerveau les utilise.

Cet exemple de la grammaire n'est pas isolé. Depuis les années quatre-vingt, les informaticiens s'intéressent d'une manière nouvelle à la physique quantique, en particulier au principe de superposition qui, permettant, dans une certaine mesure, d'effectuer plusieurs calculs simultanément sur un même circuit, transformera peut-être la puissance des ordinateurs. C'est ce qu'on appelle l'« informatique quantique ». Ils s'intéressent également à la biologie, en particulier au fonctionnement de la cellule, qui suggère des procédés de calcul originaux. C'est ce qu'on appelle la « bio-informatique ».

Un second volet, plus discret, de ces projets consiste en la reformulation d'une partie de la physique et de la biologie sous une forme algorithmique. Ils transformeront peut-être, à terme, non seulement l'informatique, mais aussi les sciences de la nature.

CHAPITRE VI

Une tentative de donner sa place au calcul en mathématiques : le lambda-calcul

La théorie de la calculabilité, qui a mené à la solution négative du problème de la décision de Hilbert, s'est accompagnée d'une tentative de redonner sa place au calcul dans les mathématiques. Même si elle a échoué, cette tentative mérite que l'on s'y arrête, car elle préfigure, à bien des égards, une partie de l'histoire ultérieure. Elle se fonde sur un langage qui est la grande œuvre de Church : le lambda-calcul.

Au départ, le lambda-calcul est une simple notation pour les fonctions. Nous avons que l'on peut, dans certains cas, exprimer une fonction par une expression fonctionnelle, par exemple, la fonction qui, à un nombre, associe son carré par l'expression $x \times x$.

Cette notation est, cependant, maladroite, car elle ne distingue pas la fonction de la valeur prise par la fonction en un certain point. Ainsi, quand on dit que « si x est impair alors $x \times x$ est impair », c'est du nombre $x \times x$, c'est-à-dire de la valeur prise par la fonction en x dont il s'agit, alors que quand on dit que « $x \times x$

est croissante », c'est de la fonction elle-même que l'on parle. Pour distinguer ces deux notions, on écrit aujourd'hui la fonction non pas $x \times x$ mais $x \mapsto x \times x$.

Cette notation $\mapsto$ aurait été introduite vers 1930 par Nicolas Bourbaki, pseudonyme utilisé par un groupe de mathématiciens auteur d'un important traité, publié sur de longues années, qui fait la somme des connaissances mathématiques de son temps. À la même époque, Church a introduit une notation similaire : $\lambda x\ (x \times x)$, dans laquelle la flèche $\mapsto$ est remplacée par la lettre grecque lambda. La petite histoire raconte que cette notation vient d'une notation antérieure utilisée par Whitehead et Russell dès les années mille neuf cents, $\hat{x}\,(x \times x)$, mais que l'imprimeur de Church, ne sachant pas imprimer d'accent circonflexe sur un x, l'avait fait précéder d'un symbole qui ressemblait à un accent circonflexe, le lambda majuscule (Λ), devenu par la suite minuscule (λ). Alors que la notation $x \mapsto x \times x$ s'est imposée, on continue à utiliser la notation de Church en logique et en informatique et le nom même de ce langage dérive de cette notation : le lambda-calcul.

Une opération importante dans la logique des prédicats est le remplacement d'une variable par une expression. Par exemple, de la proposition « pour tous nombres x et y, il existe un nombre z qui est le plus grand diviseur commun de x et de y », on peut déduire la proposition « il existe un nombre z qui est le plus grand diviseur commun de 90 et de 21 » en remplaçant les variables x et y par 90 et 21. Dans cet exemple, les variables x et y représentent des nombres. Mais les variables peuvent aussi représenter des fonctions : on les remplace alors par des expressions comme $x \mapsto x \times x$. Whitehead et Russell s'étaient déjà posé la question de savoir ce que l'on obtenait si l'on remplaçait, par exemple, la variable f par l'expression $x \mapsto (x \times x)$ dans l'expression $f(4)$, et leur réponse était celle du bon sens : 4×4.

En 1930, Church a apporté un petit bémol à la réponse de Whitehead et Russell. En effet, quand on remplace la variable f par $x \mapsto (x \times x)$ dans l'expression $f(4)$, on obtient non pas l'expression 4×4, comme l'avaient proposé Whitehead et Russell, mais l'expression $(x \mapsto (x \times x))$ (4). Cette expression peut, dans un second temps, se transformer en 4×4, ce qui demande d'ajouter une règle de calcul selon laquelle l'expression $(x \mapsto t)$ (u) se transforme en l'expression t dans laquelle on remplace la variable x par l'expression u. D'après Church, Whitehead et Russell mélangent deux opérations qu'il importe de distinguer : le remplacement de la variable f et le calcul de la fonction qui amène à remplacer la variable x. Church, qui semblait avoir un goût immodéré pour l'alphabet grec, a donné le nom de « bêta-réduction » à cette règle de calcul qui transforme l'expression $(x \mapsto t)$ (u) en l'expression t dans laquelle on remplace la variable x par l'expression u.

Cette règle de calcul peut sembler anodine. Mais Church a montré que n'importe quel calcul peut se simuler avec l'application de cette unique règle. Il n'est pas absolument évident de comprendre comment la fonction qui, à un couple de nombres, associe le plus grand diviseur commun de ces deux nombres peut s'exprimer dans le lambda-calcul et se calculer avec la bêta-réduction uniquement, mais c'est le cas. Et ce qui est vrai pour cette fonction l'est pour toutes les fonctions calculables. Le lambda-calcul permet donc de calculer les mêmes choses que les machines de Turing ou les équations de Herbrand et Gödel.

D'ailleurs, au départ, Church avait défini ainsi la notion de calculabilité : « calculable », pour Church, signifiait « exprimable dans le lambda-calcul ». Cette définition avait suscité l'incrédulité de nombreux mathématiciens qui pensaient que la bêta-réduction était une règle trop faible pour prétendre tout calculer. Et ce n'est que quand l'équivalence entre le lambda-calcul et les machines de Turing a été démontrée que l'on a compris que l'intuition de Church était correcte. Cette démonstration de l'équivalence entre les machines de Turing et le lambda-calcul utilise une astuce qui consiste à appliquer une fonction à elle-même. La puissance calculatoire insoupçonnée du lambda-calcul vient donc du fait que rien n'interdit, dans ce langage, d'appliquer une fonction à elle-même.

L'idée la plus intéressante de Church restait à venir. À la différence des machines de Turing, le lambda-calcul a l'avantage de n'utiliser qu'une notion mathématique traditionnelle : la notion de fonction. De ce fait, il est possible d'envisager une formalisation des mathématiques, alternative à la logique des prédicats et à la théorie des ensembles, fondée sur la notion de fonction et sur le lambda-calcul. Church a proposé une telle formalisation des mathématiques au début des années trente. Cette théorie avait, parmi d'autres ingrédients, la règle de bêta-réduction et, de ce fait, toutes les fonctions calculables pouvaient s'y exprimer directement par un algorithme. Elle donnait donc toute sa place au calcul dans la formalisation des mathématiques.

Malheureusement, cette théorie souffrait du même défaut que la logique de Frege : elle était contradictoire, comme l'ont montré, en 1935, Stephen Cole Kleene et John Barkley Rosser. Church a donc renoncé à utiliser le lambda-calcul pour formaliser les mathématiques, ce qui lui a conféré un objectif plus modeste de langage d'expression des algorithmes.

Par la suite, Haskell Curry et Church lui-même ont tenté de restaurer la cohérence de cette théorie. Curry a cherché à conserver cette idée qu'une fonction devait pouvoir s'appliquer à elle-même, mais la formalisation des mathématiques à laquelle il a abouti est tellement éloignée de l'intuition qu'elle a été abandonnée. Church, de son côté, a appliqué au lambda-calcul la recette que Russell avait appliquée à la théorie de Frege. Cela revenait à interdire l'application d'une fonction à elle-même. On retrouve ainsi la cohérence, mais le prix à payer est la perte de la puissance calculatoire du lambda-calcul qui venait précisément de cette possibilité d'appliquer une fonction à elle-même. La théorie à laquelle il a abouti est appelée la « théorie des types de Church », que l'on considère aujourd'hui comme une variante de la théorie des types de Russell et Whitehead et de la théorie des ensembles.

Il est possible de formuler la théorie des types de Church avec une règle de calcul pour la bêta-réduction. Cependant, dans ce cadre dans lequel il est impossible d'appliquer une fonction à elle-même, cette règle de calcul n'a pas la même puissance que dans la théorie originale de Church, loin s'en faut. La théorie des types de Church accorde donc une place au calcul, puisque, à côté des axiomes, on peut poser cette règle de calcul, mais cette place laissée au calcul est modeste.

Peut-être par dépit, Church a finalement transformé cette règle de calcul en un axiome : l'axiome de bêta-conversion. Et c'en fut fini de cette tentative de proposer une formalisation des mathématiques qui donnait une place au calcul.

Ces trois chapitres consacrés à la théorie de la calculabilté s'achèvent donc par un paradoxe. La théorie de la calculabilté a fait jouer un rôle important aux notions d'algorithme et de calcul. Mais, malgré la tentative radicale de Hilbert de remplacer le raisonnement par le calcul et malgré la tentative courageuse, mais infructueuse, de Church, la théorie de la calculabilité n'a pas fait évoluer la notion de démonstration. Tout au long du développement de la théorie de la calculabilité, les démonstrations sont restées des démonstrations de la logique des prédicats, construites avec des axiomes et des règles de déduction, conformément à la conception axiomatique des mathématiques, et sans que, dans ces démonstrations, la plus petite place soit laissée au calcul.

CHAPITRE VII

La constructivité

Alors que, avec la théorie de la calculabilité, la notion de calcul se trouvait au centre de plusieurs questions mathématiques, la théorie de la constructivité s'est développée de manière indépendante et, elle a aussi, fait jouer un rôle important à la notion de calcul, même si ce rôle apparaît, au départ, moins évident.

La constructivité

Commençons par une petite histoire qui se déroule dans l'*Orient Express* juste après la Première Guerre mondiale. L'explorateur, de retour en Europe et rasé de frais, prend l'*Orient Express* à Paris pour se rendre à Constantinople. Il trouve dans son compartiment un billet mystérieux et parfumé de l'une de ses admiratrices qui lui donne rendez-vous sur le quai de la dernière gare dans laquelle le train s'arrête en France. Le voyageur trouve une carte qui lui indique que les gares dans lesquelles s'arrête l'*Orient Express* entre Paris et Constantinople sont Strasbourg, Utopia, Munich, Vienne, Budapest... Il sait que Strasbourg est en France et que Munich se situe en Allemagne, mais il ignore dans quel pays se trouve Utopia. Utopia est une gare si petite que personne à bord du train ne parvient à le renseigner et on se demande bien pourquoi l'*Orient Express* s'y arrête. L'explorateur sera-t-il au rendez-vous avec la mystérieuse inconnue ? Ce n'est pas sûr. Pourtant, il n'est pas difficile de démontrer qu'il existe une gare dans laquelle l'*Orient Express* s'arrête, qui se trouve en France et telle que la gare suivante ne se trouve pas en France. Car ou bien Utopia se situe en France, et elle est le dernier arrêt du train en France, ou bien Utopia ne se trouve pas en France, et Strasbourg est le dernier arrêt du train en France.

Ceux que les problèmes de train rebutent préféreront une formulation plus abstraite du raisonnement : si un ensemble contient le nombre 1 mais pas le nombre 3, alors il existe un nombre n tel que l'ensemble contienne le nombre n mais pas le nombre $n + 1$. Car ou bien le nombre 2 se trouve dans l'ensemble, et il est la solution, ou bien il ne s'y trouve pas, et la solution est 1.

Ce raisonnement n'est cependant d'aucune utilité à l'explorateur qui ne se contente pas de vouloir savoir qu'il existe une gare dans laquelle l'attend l'inconnue, mais qui veut savoir laquelle. À quoi servent toutes ces mathématiques si elles ne lui permettent même pas de se rendre à son rendez-vous ?

Ce dont l'explorateur prend conscience, ce soir-là, dans l'*Orient Express*, est ce dont les mathématiciens ont pris conscience au début du XXe siècle : certaines démonstrations, comme celle-ci, démontrent l'existence d'un objet vérifiant une certaine propriété, mais ne disent pas quel est cet objet. Ces démonstrations doivent être distinguées de celles qui démontrent l'existence d'un objet vérifiant une certaine propriété en donnant un exemple d'un tel objet. Par exemple, on peut démontrer qu'il existe une ville d'Autriche dans laquelle l'*Orient Express* s'arrête : Vienne. Une telle démonstration d'existence qui procède en montrant un objet s'appelle une démonstration « constructive » et l'objet montré s'appelle un « témoin » de cette existence. Par opposition, une démonstration comme celle de l'explorateur s'appelle une démonstration « non constructive ».

Quand on y réfléchit, la possibilité de construire ainsi des démonstrations non constructives est surprenante. En effet, parmi les règles de déduction, une seule permet de démontrer des propositions de la forme « il existe x tel que A » : il s'agit d'une règle appelée « règle d'introduction du quantificateur existentiel » qui permet de déduire la proposition « il existe x tel que A » d'une instance de A, c'est-à-dire d'une proposition similaire à A dans laquelle la variable x a été remplacée par une expression quelconque. Par exemple, cette règle permet de déduire la proposition « il existe une ville d'Autriche dans laquelle s'arrête l'*Orient Express* » de la proposition « Vienne est une ville d'Autriche dans laquelle s'arrête l'*Orient Express* ». Et, à chaque fois que l'on utilise cette règle, le témoin peut être lu dans l'instance de A utilisée.

Comment donc perd-on le témoin au cours d'une démonstration non constructive ? Observons, à nouveau, le raisonnement de l'explorateur perdu à la frontière. D'abord, il démontre que, si Utopia est en France, il existe une dernière gare avant la frontière. Cette partie du raisonnement est constructive : il démontre d'abord qu'Utopia est la dernière gare avant la frontière, puis il utilise la règle d'introduction du quantificateur existentiel : le témoin est Utopia. Dans un deuxième temps, il démontre que, si Utopia n'est pas en France, il existe également une dernière gare avant la frontière, et cette partie du raisonnement est également constructive : il démontre d'abord que Strasbourg est la dernière gare avant la frontière avant d'utiliser la règle d'introduction du quantificateur existentiel : le témoin est Strasbourg. Vient enfin la troisième partie de la démonstration, dans laquelle il recolle les deux morceaux en faisant un raisonnement par cas : ou bien Utopia est en France, ou bien Utopia n'est pas en France et, dans les deux cas, il existe une dernière gare avant la frontière. Le témoin se perd ici, car il est impossible de choisir entre les deux témoins, Utopia et Strasbourg, donnés par les deux morceaux de la démonstration.

Le raisonnement par cas est une autre règle de déduction qui permet de déduire une proposition *C* de trois hypothèses de la forme « *A* ou *B* », « si *A* alors *C* » et « si *B* alors *C* ». Dans cet exemple, la proposition *C* est « il existe une dernière gare avant la frontière » la proposition *A* est « Utopia se trouve en France » et la proposition *B* « Utopia ne se trouve pas en France ». Les deux premières parties de la démonstration permettent de démontrer les propositions « si *A* alors *C* » et « si *B* alors *C* », mais d'où vient la démonstration de la première proposition : « Utopia se trouve en France ou Utopia ne se trouve pas en France » ? Comment savons-nous qu'Utopia se trouve ou bien en France ou bien non ? Il nous faut utiliser ici une autre règle de déduction : le tiers exclu.

Le tiers exclu est une règle de déduction qui permet de démontrer une proposition de la forme « *A* ou non *A* » sans avoir à démontrer de prémisse. Cette règle exprime l'idée commune que si la proposition *A* n'est pas vraie, sa négation « non *A* » l'est.

Ce principe permet cependant des raisonnements extrêmement abstraits. Imaginons que nous voguions sur un bateau au milieu de l'Océan et que nous jetions une pièce par-dessus bord. La pièce tombe dans l'eau et se pose sur le sable, au fond de l'Océan, quelques milliers de mètres plus bas, sans que nous ayons aucun moyen de savoir de quel côté elle est tombée. Le tiers exclu permet de démontrer qu'elle est tombée ou bien du côté pile, ou bien du côté face. Il permet, en outre, de définir un nombre qui vaut 2 si la pièce est tombée du côté pile et 4 si elle est tombée du côté face, et de démontrer ensuite, par exemple, que ce nombre est pair. Bien entendu, nous n'aurons jamais aucun moyen de savoir combien vaut ce nombre car, pour cela, il faudrait retrouver la pièce au fond de l'Océan. C'est donc le tiers exclu qui permet de construire des démonstrations d'existence qui ne donnent pas de témoin. C'est pour cela qu'on a décidé d'appeler « démonstration constructive » une démonstration qui n'utilise pas cette règle du tiers exclu.

Le constructivisme

Il n'est pas facile de dater la première démonstration non constructive de l'histoire, car certains mathématiciens ont pu utiliser le tiers exclu par commodité, alors qu'il est facile, *a posteriori*, de reformuler leurs démonstrations de manière toutefois constructive. On s'accorde pour penser que les premières démonstrations réellement non constructives ne datent que de la fin du XIXe siècle. À cette époque, les mathématiques ont fait un saut vers l'abstraction, en particulier avec le développement de la théorie des ensembles et des prémices de la topologie.

L'apparition des démonstrations non constructives a créé un malaise dans la communauté mathématique et certains mathématiciens comme Leopold Kronecker ou Henri Poincaré ont, dès le début, exprimé des doutes face à ces mathématiques modernes qui parlaient, à leurs yeux, d'objets trop abstraits et utilisaient des méthodes nouvelles qui permettaient de démontrer des théorèmes d'existence sans fournir de témoin. C'est dans cette atmosphère suspicieuse à l'égard de ces nouvelles méthodes qu'au début du XXe siècle est apparu un programme assez radical formulé par Luitzen Egbertus Jan Brouwer : abandonner le tiers exclu dans les démonstrations mathématiques, ce qui amène, par exemple, à rejeter la démonstration de l'existence d'une dernière gare avant la frontière. Avec ce programme « constructiviste », aussi appelé « intuitionniste », les mathématiques se sont retrouvées dans une situation embarrassante : certaines propositions, dont on ne connaissait que des démonstrations utilisant le tiers exclu, devenaient des théorèmes selon les uns, mais non selon les autres.

Une telle crise est embarrassante, et rare, mais elle n'est pas unique. Les Grecs refusaient d'ajouter ensemble une infinité de nombres, alors que les mathématiciens du XVIe siècle acceptaient de le faire. Comme nous allons le voir, une autre crise, « la crise des géométries non euclidiennes », s'était produite au début du XIXe siècle. Et une crise similaire devait se produire à la fin du XXe siècle avec les premières démonstrations utilisant des ordinateurs… On ne peut cependant pas se satisfaire d'une telle situation de crise.

Tous les constructivistes ne reprochaient pas la même chose au tiers exclu. Une position modérée, sans doute celle de l'explorateur, est de penser qu'une démonstration non constructive a peu d'intérêt : à quoi bon savoir qu'il existe une dernière gare avant la frontière, si on ne sait pas quelle est cette gare ? Ce n'est pas tant la correction que l'utilité, des démonstrations non constructives qui est mise en cause. Un point de vue plus modéré encore est que les démonstrations constructives apportant plus d'informations que les démonstrations non constructives, il est préférable, quand c'est possible, de donner des démonstrations constructives. À l'inverse, un point de vue radical, celui de Brouwer, consiste à penser que les démonstrations non constructives sont fausses. En caricaturant à peine, Brouwer aurait pensé qu'il était dangereux d'emprunter un pont si l'ingénieur qui l'avait conçu avait utilisé le tiers exclu pour démontrer que le pont pouvait supporter la charge.

Cette crise s'est aggravée pour plusieurs raisons. D'une part, en attaquant les méthodes non constructives, Brouwer attaquait l'un des plus grands mathématiciens au début du XXe siècle, auteur de nombreuses démonstrations non constructives : Hilbert. La crise a dégénéré en un conflit personnel entre Brouwer et Hilbert, si bien qu'aucun n'a réellement cherché à écouter les arguments de l'autre. D'autre part, à cette querelle du tiers exclu se sont mêlées d'autres querelles. Par exemple, Brouwer défendait le point de vue selon lequel notre intuition des objets mathématiques est plus importante que la connaissance que nous en avons par la démonstration. De là vient le nom d'« intuitionnisme ». Ici encore, si une thèse modérée est acceptable, selon laquelle l'intuition joue un rôle prépondérant dans la construction de nouvelles connaissances, que la démonstration ne vient valider que dans un second temps, le mysticisme intuitionniste de Brouwer n'a pas aidé à rendre ses idées populaires et les constructivistes ont vite été considérés comme les membres d'une secte ésotérique. On perçoit, aujourd'hui encore, des résidus de ce type d'opinion. Par exemple, dans un texte publié en 1982, Jean Dieudonné comparait les constructivistes à « une secte religieuse qui croit encore que la Terre est plate ».

La résolution de la crise

La crise du constructivisme a fini par se résoudre, si bien qu'aujourd'hui la question de savoir s'il est licite ou non d'utiliser le tiers exclu dans un raisonnement mathématique paraît une question mal posée.

Pour comprendre comment cette crise s'est résolue, comparons-la à une autre crise qui s'était produite un siècle plus tôt : la crise des géométries non euclidiennes.

Parmi les axiomes de la géométrie figure un axiome qui, depuis l'Antiquité, était l'objet de controverses. Dans une forme modernisée, cet axiome, appelé l'« axiome des parallèles », pose que, par un point extérieur à une droite, il passe une et une seule droite parallèle à la première. Pour beaucoup de géomètres, cette proposition n'avait pas l'évidence requise pour être un axiome : il s'agissait plutôt d'une proposition qui demandait à être démontrée à partir des autres axiomes de la géométrie. Et le fait qu'Euclide n'ait pas réussi à la démontrer n'autorisait pas à la poser en axiome.

Depuis Euclide, et jusqu'au début du XIXe siècle, de nombreux mathématiciens ont vainement tenté de démontrer cette proposition à partir des autres axiomes de la géométrie. Beaucoup de ces tentatives de démonstration procédaient par l'absurde : elles posaient la négation de cet axiome en hypothèse et tentaient d'aboutir à une contradiction. Cela a amené ces mathématiciens à raisonner dans une théorie dans laquelle on posait l'hypothèse que, par un point extérieur à une droite, il passe plusieurs parallèles à cette droite ou dans laquelle on posait l'hypothèse que, par un point extérieur à une droite, il ne passe aucune parallèle à cette droite. Les théories obtenues ne semblaient pas contradictoires, et paraissaient même intéressantes.

Si bien qu'au début du XIXe siècle, Carl Friedrich Gauss puis Nikolaï Lobatchevski, János Bolyai, Bernhard Riemann et d'autres ont proposé des géométries alternatives qui posaient des axiomes différents de l'axiome des parallèles. Par exemple, dans la géométrie de Riemann, par un point extérieur à une droite, il ne passe aucune droite parallèle à la première. Ainsi, au début du XIXe siècle, les mathématiciens ont commencé à discuter de la question de savoir si l'on pouvait utiliser tel ou tel axiome en géométrie, de la même manière qu'ils devaient discuter, un siècle plus tard, de la question de savoir si l'on pouvait utiliser telle ou telle règle de déduction dans une démonstration. Gauss avait même décidé de ne pas rendre publics ses travaux sur ce sujet, de peur d'effrayer ses contemporains.

C'est pour résoudre cette crise des géométries non euclidiennes que Poincaré a suggéré que les axiomes de la géométrie n'étaient pas des évidences qui s'imposent à nous, mais des définitions implicites des notions de point et de droite et que différents mathématiciens utilisaient des axiomes différents parce qu'ils attribuaient une signification différente aux mots « point », « droite »... Ces notions alternatives de point et de droite définies par les géométries non euclidiennes se sont vite révélées moins exotiques qu'elles ne le paraissaient. Par exemple, alors que dans la géométrie d'Euclide la somme des angles d'un triangle est toujours égale à 180°, dans la géométrie de Riemann, cette somme est toujours supérieure à 180°. Sur la Terre, le triangle dont l'un des points se situe au pôle nord, et les deux autres sur l'équateur à des longitudes 0° et 90°, a trois angles droits et la somme de ses angles fait 270°. Les lignes tracées sur une surface courbe comme la Terre sont un exemple de choses que l'on appelle des « droites » dans la géométrie de Riemann.

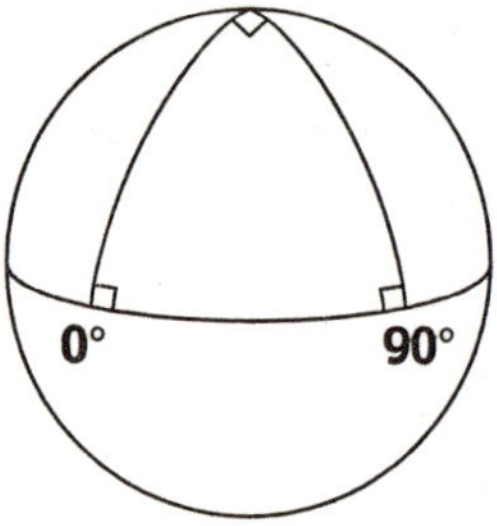

Comme les axiomes, les règles de déduction ne sont pas des évidences qui s'imposent à nous, mais des définitions implicites des conjonctions et des quantificateurs « et », « ou », « si... alors », « il existe »... qui apparaissent dans ces règles. Les constructivistes n'utilisaient donc pas les mêmes règles de déduction que les autres mathématiciens, simplement parce qu'ils attribuaient une signification différente aux mots « et », « ou », « si... alors », « il existe »... En particulier, la proposition

« il existe un objet qui… » signifiait « on connaît un objet qui… » pour les constructivistes alors qu'elle signifiait « il doit bien exister un objet qui… même si on ne le connaît pas » pour les autres. On comprend pourquoi la proposition « il existe une dernière gare avant la frontière » est fausse pour ceux qui pensent qu'elle signifie « on connaît la dernière gare avant la frontière » et vraie pour ceux qui pensent qu'elle signifie « il doit bien exister une dernière gare avant la frontière, même si on ne la connaît pas ».

A posteriori, la crise du constructivisme a eu comme principal mérite d'attirer l'attention sur différentes nuances de la signification de la locution « il existe » du langage commun. Cette situation n'a rien d'exceptionnel. Il est même assez banal qu'une notion imprécise du langage commun, par exemple la notion de nombre, donne naissance à plusieurs notions précises dans le langage mathématique : nombre entier, nombre réel…

La constructivité aujourd'hui

Ces deux variantes de la locution « il existe » n'ont pas de raison de s'exclure. On peut utiliser, un jour, le mot « nombre » pour désigner un nombre entier et, le lendemain, utiliser ce mot pour désigner un nombre réel. Il suffit pour cela d'ajouter l'adjectif « entier » ou « réel » pour préciser de quel type de nombre on parle. De même, on peut utiliser, un jour, la locution « il existe » pour dire qu'on sait construire un objet et, le lendemain, utiliser cette même locution pour dire qu'un objet doit bien exister, même si on ne sait pas le construire.

La dernière étape pour réconcilier les mathématiques constructives et non constructives consistait à proposer une variante de la logique des prédicats qui comprenne deux locutions « il existe » et des règles de déduction qui expriment la signification de ces deux locutions. Une telle logique a été proposée par Gödel, en 1933, sous le nom de « traduction négative ». Les détails de cette logique sont moins importants que le fait qu'elle montre que les mathématiques constructives et non constructives peuvent coexister pacifiquement, contrairement à ce que pensaient aussi bien Brouwer que Hilbert.

Après que la crise eut été résolue, certains mathématiciens ont continué à se désintéresser de la notion de constructivité. Ils ont continué à utiliser le tiers exclu, c'est-à-dire à n'utiliser qu'une seule des deux locutions « il existe ». D'autres ont continué à refuser le tiers exclu, c'est-à-dire à n'utiliser que l'autre des deux locutions « il existe ». D'autres encore ont eu une attitude plus riche, qui consiste à utiliser les deux notions à la fois, c'est-à-dire à utiliser le tiers exclu quand ils n'arrivaient pas à s'en passer, quitte à chercher, dans un second temps, à redémontrer le même théorème de manière constructive.

CHAPITRE VII

Les démonstrations constructives et les algorithmes

Quel rapport existe-t-il entre cette notion de démonstration constructive et le sujet de ce livre : le calcul ? Les notions de calcul et d'algorithme ne jouaient pas, au départ, un rôle aussi important dans la théorie de la constructivité que, par exemple, dans la théorie de la calculabilité. Cependant, derrière la notion de démonstration constructive, la notion d'algorithme ne demandait qu'à surgir.

L'élimination des coupures

Nous avons vu que les démonstrations d'existence qui utilisent le tiers exclu ne contiennent pas toujours un témoin. En revanche, une démonstration d'existence qui n'utilise pas le tiers exclu semble toujours en contenir un, d'une manière explicite ou implicite. Peut-on aller au-delà de cette impression et démontrer que c'est toujours le cas ?

Naturellement, la possibilité de trouver un témoin dans une démonstration ne dépend pas uniquement du fait que cette démonstration utilise le tiers exclu ou non, mais aussi des axiomes qu'elle utilise. Par exemple, un axiome de la forme « il existe... » est une démonstration d'existence à lui tout seul, et cette démonstration ne donne pas de témoin. La question de l'existence d'un témoin dans les démonstrations qui n'utilisent pas le tiers exclu se ramifie donc en autant de questions qu'il y a de théories, puisqu'on peut se la poser pour diverses théories : l'arithmétique, la géométrie, la théorie des types de Church, la théorie des ensembles... et, pour commencer, par la plus simple de ces théories : la théorie sans axiome.

Une des premières démonstrations qu'une démonstration d'existence construite sans le tiers exclu contient toujours un témoin, au moins de manière implicite, utilise un algorithme proposé en 1935 par Gerhard Gentzen : l'algorithme d'élimination des coupures. Cet algorithme, contrairement à ceux que nous avons vus jusqu'à présent, ne s'applique pas à des nombres, des expressions fonctionnelles ou des règles de calcul, mais à des démonstrations.

Une démonstration peut contenir des arguments tortueux, que l'on appelle des « coupures ». L'algorithme de Gentzen consiste à éliminer ces coupures en réorganisant la démonstration d'une manière plus directe. Par exemple, quand une démonstration procède en démontrant un résultat intermédiaire général pour ne l'utiliser que dans un cas particulier, l'algorithme de Gentzen remplace ce morceau de démonstration par une démonstration directe du cas particulier. Or, quand on met ainsi à plat une démonstration d'existence qui n'utilise pas le tiers exclu, on aboutit toujours à une démonstration qui se termine par une règle d'introduction du quantificateur existentiel et, dans ce cas, le témoin est explicite dans la démonstration.

On voit ici apparaître un lien entre la notion de démonstration, constructive ou non, et celle d'algorithme, puisque les démonstrations sont, comme les nombres, des objets avec lesquels on peut calculer, en particulier en leur appliquant cet algorithme d'élimination des coupures.

L'algorithme de Gentzen s'appliquait à des démonstrations dans des théories simples, comme la théorie sans axiome ou l'arithmétique. Il a été étendu par Jean-Yves Girard en 1970 à la théorie des types de Church, qui est une variante de la théorie des ensembles, puis, au cours des années qui ont suivi, à des théories de plus en plus élaborées.

Les fonctions et les algorithmes

Nous avons vu qu'une fonction peut parfois se définir par une expression fonctionnelle, comme $x \mapsto x \times x$. Mais cela n'est pas toujours le cas. Par exemple, contrairement à la fonction qui, à un nombre, associe son carré, celle qui, à un nombre, associe sa racine carrée ne peut pas être définie par une telle expression. Pour définir cette fonction, on doit d'abord définir la relation qui lie x à son image y : $x = y \times y$, puis démontrer que, pour tout nombre réel positif x, il existe un unique nombre réel positif y associé à x par cette relation. Selon que l'on autorise, ou non, le tiers exclu dans cette démonstration d'existence, on peut définir plus ou moins de fonctions. La théorie de la constructivité permet donc de classer les fonctions en distinguant celles qui peuvent se définir avec une démonstration constructive et celles dont la définition nécessite une démonstration non constructive.

Que gagne-t-on quand on définit ainsi une fonction de manière constructive ? On gagne un algorithme qui, appliqué à un élément *a* de l'ensemble de définition de la fonction *f*, calcule l'objet *b* associé à *a* par cette fonction. Ce théorème, dû à Kleene, peut se voir comme une simple conséquence du théorème d'élimination des coupures. En effet, du fait que, pour tout élément *x* de l'ensemble *A*, il existe un unique objet *y* associé à *x* par la fonction, on peut déduire qu'il existe un objet *y* associé à l'élément *a* par la fonction. Et l'algorithme de Gentzen appliqué à cette démonstration donne un témoin de cette existence, c'est-à-dire l'objet *b* associé à *a* par la fonction.

La notion d'algorithme trouve ainsi une nouvelle définition, plus abstraite : un algorithme est une fonction que l'on peut définir de manière constructive.

Les démonstrations constructives comme algorithmes

Aujourd'hui, ces deux liens entre les notions de démonstration constructive et d'algorithme apparaissent comme deux morceaux émergés d'un iceberg plus gros : l'« interprétation algorithmique » des démonstrations constructives. C'est une idée dont on trouve les prémices dans les travaux de Luitzen Egbertus Jan Brouwer, Arend Heyting et Andreï Kolmogorov dans les années vingt, mais qui s'est essentiellement développée dans les années soixante avec les travaux de Haskell Curry, Nicolaas Govert de Bruijn et William Howard.

En mathématiques, le mot « interprétation » diffère peu du mot « définition », sauf qu'une définition définit une notion nouvelle, alors qu'une interprétation redéfinit une notion qui existait déjà, comme une notion première, ou avec une définition peu satisfaisante. Par exemple, la notion de nombre complexe existe depuis la fin du Moyen Âge sous la forme d'une notion première, mais ce n'est qu'au XIXe siècle que l'on a interprété les nombres complexes comme des couples de nombres réels ou des points du plan... c'est-à-dire qu'on en a donné une véritable définition. Interpréter la notion de démonstration consiste donc à donner une nouvelle réponse à la question : qu'est-ce qu'une démonstration ?

Pour répondre à cette question, posons d'abord deux questions voisines : comment utilise-t-on une démonstration ? Et comment construit-on une démonstration ?

Quand on a une démonstration d'une proposition de la forme « si *A* alors *B* », on peut l'utiliser pour déduire la proposition *B* de la proposition *A*, c'est-à-dire pour construire une démonstration de *B* en utilisant une démonstration de *A*, ou encore pour transformer une démonstration de *A* en une démonstration de *B*. Une démonstration de cette proposition « si *A* alors *B* » s'utilise de la même manière qu'un algorithme qui transforme les démonstrations de la proposition *A* en des démonstrations de la proposition *B*. De plus, on peut montrer qu'une démonstration de la proposition « si *A* alors *B* » se construit de la même manière qu'un tel algorithme. Si les démonstrations de la proposition « si *A* alors *B* » se construisent et s'utilisent comme des algorithmes qui transforment les démonstrations de la proposition *A* en des démonstrations de la proposition *B*, autant dire que ce sont de tels algorithmes. Et autant les définir ainsi.

Cette interprétation algorithmique des démonstrations renverse la perspective de la méthode axiomatique qui, depuis Euclide, fondait les mathématiques sur la notion de démonstration. Voilà que l'on découvre que la notion de démonstration n'est pas une notion première, mais qu'elle peut se définir en termes d'une notion plus fondamentale : celle d'algorithme. Finalement, en fondant toutes leurs mathématiques sur la notion d'algorithme, les Mésopotamiens avaient, sans le savoir, commencé par la notion la plus fondamentale. Ce sont les Grecs qui, en fondant les leurs sur la notion de démonstration, en ont donné une image déformée.

Dans l'interprétation algorithmique des démonstrations, une démonstration de la proposition « pour tous nombres x et y, il existe un nombre z qui est le plus grand diviseur commun de x et de y » est un algorithme qui, à tout couple de nombres a et b, associe un couple formé d'un nombre c et d'une démonstration que ce nombre est le plus grand diviseur commun de a et b. Quand on applique cet algorithme au couple formé des nombres 90 et 21, on effectue un calcul et on obtient le nombre 3 et une démonstration que 3 est le plus grand diviseur commun de 90 et 21.

Quel est ce calcul que l'on doit exécuter pour obtenir ce résultat ? Il s'agit d'abord du calcul qu'aurait effectué l'algorithme d'élimination des coupures de Gentzen pour simplifier la démonstration. L'interprétation algorithmique des démonstrations montre donc non seulement que les démonstrations sont des algorithmes, mais également que l'élimination des coupures est un interpréteur pour ces algorithmes.

En outre, ce calcul est voisin de celui qu'aurait effectué l'algorithme d'Euclide. Nous avons suggéré, au chapitre 2, que l'apparente contradiction entre le discours sur les mathématiques qui, depuis les Grecs, accorde peu de place aux algorithmes, et la pratique mathématique, qui leur en accorde une si grande, pouvait s'expliquer par le fait que l'algorithme d'Euclide, par exemple, appliqué à deux nombres, permettait de calculer non seulement leur plus grand diviseur commun, mais aussi une démonstration du fait que ce nombre est leur plus grand diviseur commun. L'interprétation algorithmique des démonstrations éclaire ce lien ancien entre démonstrations et algorithmes : une démonstration constructive de l'existence du plus grand diviseur commun est un algorithme qui calcule non seulement un nombre, mais aussi une démonstration que ce nombre est le plus grand diviseur commun des nombres auxquels on applique l'algorithme.

Pour conclure, le lien entre les notions de démonstration constructive et d'algorithme est, finalement, assez simple : les démonstrations constructives sont des algorithmes.

Ces deux chapitres consacrés à la théorie de la constructivité s'achèvent, encore une fois, par un paradoxe. Tout comme la théorie de la calculabilté, la théorie de la constructivité a fait jouer un rôle important aux notions d'algorithme et de calcul, puisqu'elle aboutit à définir les démonstrations constructives comme des algorithmes. Mais les démonstrations dont parle cette théorie sont des démonstrations de la logique des prédicats, construites avec des axiomes et des règles de déduction, conformément à la conception axiomatique des mathématiques, sans que, dans ces démonstrations, la plus petite place soit faite au calcul.

Du début du XXe siècle à la fin des années soixante, ni la théorie de la calculabilité ni celle de la constructivité n'ont donc remis en cause la méthode axiomatique. Une démonstration, jusqu'à la fin des années soixante se construisait toujours avec des axiomes et des règles de déduction, sans que la plus petite place soit laissée au calcul. Cependant, par le rôle qu'elles ont fait jouer à la notion d'algorithme, ces deux théories ont préparé le terrain pour la critique de la méthode axiomatique, qui a débuté la décennie suivante.

III
La crise de la méthode axiomatique

CHAPITRE IX

La théorie intuitionniste des types

Il fallut attendre le début des années soixante-dix pour voir la méthode axiomatique remise en question. De manière surprenante, cette remise en question s'est produite simultanément et indépendamment dans plusieurs domaines des mathématiques et de l'informatique, sans que les acteurs de cette évolution aient toujours eu conscience de l'unité de leurs démarches : en théorème des types, dans la lignée des travaux sur la constructivité ; en informatique ; et, enfin, dans les « mathématiques de terrain ». Commençons, dans ce chapitre, par la théorie des types.

La théorie intuitionniste des types

À la fin des années soixante, plusieurs avancées ont permis un renouveau de la notion de constructivité. D'une part, l'interprétation algorithmique des démonstrations s'est développée avec les travaux de Curry, de Bruijn et Howard. D'autre part, William Tait, Per Martin-Löf et Jean-Yves Girard ont démontré l'élimination des coupures pour de nouvelles théories, en particulier, Girard a démontré l'élimination des coupures pour la théorie des types de Church, qui est une variante de la théorie des ensembles. Il est devenu possible de proposer un cadre général, homologue à la théorie des types de Church ou à la théorie des ensembles, pour les mathématiques constructives. Et une proposition en ce sens a été la « théorie intuitionniste des types » de Martin-Löf.

Le point de départ de la théorie intuitionniste des types est une ascèse logique : afin de donner une base minimale aux mathématiques, cette théorie cherche à se passer non seulement du tiers exclu, mais aussi de trois axiomes de la théorie des types de Church, qui ne nous intéressent pas directement ici : l'axiome d'extensionnalité, l'axiome du choix et l'axiome de compréhension imprédicative. Au début des années soixante-dix, beaucoup de mathématiciens doutaient, légitimement, que l'on puisse exprimer beaucoup de choses dans une théorie aussi faible. Trente ans plus tard, on est bien obligé de constater que l'on a pu formuler de vastes pans des mathématiques dans cette théorie et dans certaines de ses extensions, comme le calcul des constructions de Thierry Coquand et Gérard Huet.

L'égalité par définition

La théorie intuitionniste des types de Martin-Löf n'est pas seulement une variante de la théorie des types de Church ou de la théorie des ensembles avec des choses en moins. Elle est aussi une théorie qui introduit de nouvelles idées et de nouveaux concepts. Par exemple, elle intègre l'idée de l'interprétation algorithmique des démonstrations en définissant les démonstrations comme des algorithmes. En outre, elle introduit une autre notion qui n'existait pas dans la théorie des types de Church ni dans la théorie des ensembles: la notion d'« égalité par définition ».

Dans la théorie des types de Church et dans la théorie des ensembles, une seule notion d'égalité existe: on peut exprimer le fait que deux expressions désignent le même objet, mais que ce fait soit une simple conséquence d'une définition ou qu'il demande un raisonnement complexe ne change rien à la manière de le dire. En revanche, dans la théorie intuitionniste des types, il y a deux notions d'égalité: l'égalité ordinaire de la théorie des ensembles et de la théorie des types de Church, et cette nouvelle notion d'égalité par définition.

Le mécanisme de définition le plus élémentaire que l'on puisse concevoir consiste à ajouter un symbole au langage et à décréter qu'il est égal à une certaine expression. Par exemple, plutôt que de recopier sans cesse l'expression 1/2, on peut décider d'utiliser un nom plus court: d. On introduit alors un symbole d que l'on décrète égal à 1/2. Ensuite, l'expression $d + 1$ et l'expression $1/2 + 1$, dans laquelle on a simplement remplacé le symbole d par l'expression qu'il abrège, 1/2, sont dites « égales par définition ». De même, les propositions « $d + 1 = 3/2$ » et « $1/2 + 1 = 3/2$ » sont « égales par définition ».

Pour ajouter un tel mécanisme de définition à une théorie, il est nécessaire d'adapter la notion de démonstration et deux manières de le faire sont possibles. La première consiste à ajouter un axiome $d = 1/2$ ou des règles de déduction qui permettent de déduire la proposition « $d + 1 = 3/2$ » de la proposition « $1/2 + 1 = 3/2$ » et *vice versa*. Une fois que l'on a ajouté cet axiome, ou ces règles de déduction, si l'une de ces deux propositions est démontrable, l'autre l'est aussi, mais elles n'ont pas les mêmes démonstrations : une démonstration de l'une s'obtient à partir d'une démonstration de l'autre en ajoutant une étape de déduction. La seconde possibilité consiste à décider que toute démonstration de l'une de ces propositions est une démonstration de l'autre. La théorie intuitionniste des types choisit cette seconde option. Les définitions ne sont donc ni des axiomes ni des règles de déduction, mais un troisième ingrédient qui permet de construire les démonstrations.

Le mécanisme des définitions de la théorie intuitionniste des types va, en fait, plus loin que le simple remplacement d'un symbole par une expression. Nous avons évoqué la règle de bêta-réduction qui permet, par exemple, de transformer l'expression $(x \mapsto (x \times x))\ (4)$, en 4×4, et l'embarras de Church, qui avait d'abord considéré cette transformation comme une étape de calcul, pour finalement revenir à un cadre plus traditionnel et poser un axiome qui exprimait l'égalité de ces deux expressions. Avec la théorie intuitionniste des types, Martin-Löf a proposé l'idée que ces deux expressions sont égales en vertu de la définition du symbole $\mapsto$. Cette définition est plus complexe que celle qui consiste à remplacer le symbole d par $1/2$, mais quelle autre définition du symbole $\mapsto$ pourrait-on donner que le fait que l'expression $(x \mapsto t)\ (u)$ est par définition égale à l'expression t dans laquelle on remplace la variable x par l'expression u ? Ainsi, les propositions $(x \mapsto (x \times x))\ (4) = 16$ et $4 \times 4 = 16$ sont égales par définition et toute démonstration de l'une est une démonstration de l'autre. La théorie intuitionniste des types va plus loin et classe dans la catégorie de l'égalité par définition d'autres mécanismes, comme les définitions par récurrence, si bien que les expressions « 2 + 2 » et « 4 » sont égales en vertu de la définition de l'addition. Il se produit ici une rencontre surprenante de deux notions qui paraissaient distinctes à première vue : « être égal par définition » et « être égal par le calcul ». Au lieu de parler d'égalité « par définition », dans la théorie intuitionniste des types, on pourrait tout aussi bien parler d'égalité « par le calcul ».

L'égalité par définition et les jugements analytiques

Cette notion d'« égalité par définition » qui apparaît dans la théorie intuitionniste des types ne va cependant pas aussi loin que celle que suppose l'idée de Poincaré, que les axiomes de la géométrie sont des définitions implicites des notions de point et de droite. Avec cette notion de définition, à chaque fois que l'on peut démontrer que deux choses sont égales, elles le sont par définition, puisqu'elles le sont en conséquence des axiomes. Si bien que l'égalité par définition finit par se confondre avec l'égalité ordinaire. En particulier, l'égalité par définition de la théorie intuitionniste des types est décidable et le théorème de Church montre que l'égalité par définition implicite ne peut pas l'être.

Un événement essentiel s'est produit entre Poincaré et Martin-Löf : le développement de la théorie de la calculabilité et le théorème de Church. Et ce théorème oblige à repenser la notion de définition. La conception commune de la notion de définition semble supposer que l'égalité par définition est décidable, ce qui contraint à abandonner l'idée de Poincaré que les axiomes sont des définitions implicites. Plus précisément, cela contraint à distinguer deux notions de définition : la notion commune, qui suppose que l'égalité par définition soit décidable, et une notion plus libérale, qui relâche cette contrainte et qu'il importe de ne pas confondre avec la première. Que les axiomes soient des définitions implicites ou non n'est finalement qu'une question de terminologie.

En transformant ainsi la théorie des définitions, le développement de la théorie de la calculabilité transforme également la manière dont on peut comprendre les notions de jugement analytique et synthétique, utilisées par Kant et Frege à des époques où la théorie de la calculabilité n'existait pas encore. Dans la théorie intuitionniste des types, un jugement est analytique quand il ne demande qu'un calcul, et il est synthétique quand il demande une démonstration. Ainsi le jugement que 2 + 2 est égal à 4 est analytique, mais le jugement de vérité de la proposition « la somme des angles d'un triangle vaut 180° » est synthétique, bien que cette dernière proposition soit vraie par nécessité et n'exprime rien à propos de la nature. Ce jugement, comme celui de la vérité de la proposition « la Terre a un satellite » est synthétique, car pour juger vraie l'une ou l'autre proposition, il est nécessaire de faire quelque chose de plus qu'un calcul : une démonstration dans le premier cas, des observations dans le second. Ainsi, avec cette notion de jugement analytique, on retombe à peu près sur les mêmes conclusions que Kant, en particulier sur le fait que les jugements mathématiques sont, en général, synthétiques.

Que l'on arrive à une conclusion différente ici et au chapitre III, que les jugements mathématiques soient synthétiques ici et analytiques là peut surprendre. Il ne s'agit cependant pas d'une contradiction, mais uniquement d'une différence de terminologie. La terminologie classique qui oppose les jugements analytiques aux jugements synthétiques laisse croire qu'il existe deux types de jugement, alors qu'il en existe au moins trois : les jugements qui s'établissent par un calcul, ceux qui s'établissent par une démonstration et ceux qui demandent une interaction avec la nature. Tout le monde est d'accord sur le fait que les jugements mathématiques appartiennent à la deuxième catégorie, mais tout le monde ne donne pas le même nom à cette catégorie.

Des démonstrations courtes à écrire, longues à vérifier

Dans la théorie intuitionniste des types, les démonstrations de la proposition « 2 + 2 = 4 » sont celles de la proposition « 4 = 4 », qui lui est égale par définition, et la proposition « 2 + 2 = 4 » a donc une démonstration très courte qui consiste à utiliser l'axiome « pour tout x, $x = x$ » avec le nombre 4. Cette démonstration est courte à écrire parce qu'elle a été expurgée de toutes les étapes du calcul de 2 + 2 en 4. En revanche, quand on lit cette démonstration et que l'on veut se convaincre du fait qu'elle est bien une démonstration de la proposition « 2 + 2 = 4 », on doit refaire les calculs qui n'ont pas été écrits.

Diverses manières de définir une même notion peuvent mener à des démonstrations de la même proposition plus ou moins longues à écrire et à vérifier. Prenons l'exemple de la notion de nombre « composé ». Un nombre est composé quand il n'est pas premier, c'est-à-dire quand il est divisible par un nombre différent de 1 et de lui-même. Par exemple, le nombre 91 est composé parce qu'il est divisible par 7. Il existe un algorithme qui permet de décider si un nombre est composé ou non, puisqu'il suffit de tester sa divisibilité par tous les nombres entiers qui lui sont inférieurs. On peut donc définir un algorithme f qui donne la valeur 1 si on l'applique à un nombre composé et 0 sinon. Le fait que le nombre 91 soit composé s'exprime alors par la proposition $f(91) = 1$. Cette proposition est égale par définition à la proposition « 1 = 1 » et a une démonstration très courte à écrire: il suffit d'utiliser l'axiome « pour tout x, $x = x$ ». En revanche, vérifier que cette démonstration est une démonstration de la proposition $f(91) = 1$ demande de refaire le calcul de $f(91)$, c'est-à-dire de retester la divisibilité de 91 par tous les nombres entiers inférieurs à 91.

Une autre solution est de définir un algorithme g qui s'applique à deux nombres x et y et qui donne la valeur 1 quand y est un diviseur de x et 0 sinon. Le fait que 91 soit composé s'exprime maintenant par la proposition « il existe y tel que $g(91, y) = 1$ ». La démonstration de cette proposition est un peu plus longue puisqu'elle utilise la règle d'introduction du quantificateur existentiel avec un diviseur de 91, par exemple 7, puis démontre la proposition $g(91, 7) = 1$ qui est égale, par définition, à la proposition « 1 = 1 » et qui se démontre comme ci-dessus. En revanche, vérifier la démonstration est rapide car le seul calcul à refaire est celui de $g(91, 7)$ qui ne demande que de tester la divisibilité de 91 par 7. Cette démonstration présente, sans doute, un bon compromis entre la taille de la démonstration et le temps nécessaire à la vérifier.

Un autre bon compromis consiste à définir un algorithme h qui s'applique à trois nombres x, y et z et qui donne la valeur 1 quand x est le produit de y et z et la valeur 0 sinon. Le fait que 91 soit composé s'exprime par la proposition « il existe y et z tels que $h(91, y, z) = 1$ ». La démonstration de cette proposition est plus longue puisqu'elle utilise la règle d'introduction du quantificateur existentiel avec deux nombres dont le produit est 91, par exemple 7 et 13, puis montre la proposition $h(91, 7, 13) = 1$ qui est égale, par définition, à la proposition « 1 = 1 » et qui se démontre comme ci-dessus. En revanche, vérifier la démonstration est encore plus rapide, car le seul calcul à refaire est celui de $h(91, 7, 13)$, ce qui ne demande que de multiplier 7 par 13 et de comparer le résultat à 91.

Une dernière démonstration est celle qui n'utilise aucune règle de calcul. Cette démonstration est encore plus longue car elle comporte une trace de chaque étape de l'algorithme de la multiplication appliqué à 7 et 13… La vérification est facile, mais fastidieuse à cause de la longueur même de la démonstration.

Pour illustrer la différence entre ces quatre démonstrations, on peut imaginer qu'un mathématicien voulant savoir si 91 est un nombre composé, mais trop paresseux pour résoudre le problème lui-même, pose la question à un collègue. Celui-ci peut lui donner quatre réponses : la première est « 91 est composé, comme tu le sauras en faisant le calcul toi-même », la deuxième « 91 est composé, car il est divisible par 7 », la troisième « 91 est composé, car c'est 7 × 13 » et la quatrième « 91 est composé car c'est 7 × 13 ; en effet, trois fois sept égale vingt et un, je pose le un et je retiens deux, sept fois un, sept et deux neuf, je pose le neuf, ce qui fait quatre-vingt onze ». Naturellement, les meilleures réponses sont les deux du milieu : la première est trop laconique, la dernière trop verbeuse.

Il faut, cependant, remarquer que si, dans la préhistoire des mathématiques, seule la première réponse est possible, avec la méthode axiomatique, la seule possible est la dernière. Les deux réponses du milieu ne sont possibles que parce que l'on peut, dans la théorie intuitionniste des types, construire une démonstration avec des axiomes, des règles de déduction et des règles de calcul.

Au début des années soixante-dix, la notion de calcul s'est donc introduite dans la théorie intuitionniste des types de Martin-Löf, à travers cette notion d'égalité par définition, sans que l'on ait eu conscience, à l'époque, de cette révolution. Et dans cette théorie, outre les règles de déduction et les axiomes, on peut enfin utiliser un troisième ingrédient pour construire les démonstrations : les règles de calcul.

CHAPITRE X

La démonstration automatique

Au début des années soixante-dix, alors que les travaux sur la théorie des types de Martin-Löf n'étaient pas encore connus des informaticiens, l'idée qu'une démonstration ne se construit pas uniquement avec des axiomes et des règles de déduction, mais aussi avec des règles de calcul, est apparue en informatique, en particulier dans un domaine de l'informatique appelé la « démonstration automatique ». Les travaux sur la théorie des types et sur la démonstration automatique ont donc été menés à la même époque par des écoles qui s'ignoraient – mais qui, à la différence de celles qui avaient développé les théories de la calculabilité et de la constructivité, ne s'injuriaient pas – et ce n'est que bien plus tard que l'on a pris conscience de la convergence de leurs travaux.

Un programme de démonstration automatique est un programme informatique auquel on donne des axiomes et une proposition à démontrer et qui cherche une démonstration de cette proposition en utilisant potentiellement ces axiomes.

Bien entendu, le théorème de Church limite *a priori* ce projet, puisqu'il est impossible qu'un programme décide si la proposition dont on lui a demandé une démonstration en a une ou non.

En revanche, rien n'empêche un programme de chercher une démonstration, de s'arrêter quand il en trouve une et de continuer à chercher tant qu'il n'en a pas trouvé.

Le fantasme des « machines intelligentes »

Les pionniers de la démonstration automatique, lors d'une des premières conférences consacrées à ce sujet, en 1957, ont fait des déclarations tonitruantes, annonçant, d'une part, qu'avant dix ans les ordinateurs sauraient mieux construire des démonstrations que les êtres humains, ce qui mettrait les mathématiciens au chômage, et, d'autre part, que cette faculté de construire des démonstrations rendrait les ordinateurs « intelligents », c'est-à-dire qu'ils sauraient, mieux que les êtres humains, jouer aux échecs, écrire des poèmes, s'exprimer dans toutes les langues du monde... Et les mauvais romans de science-fiction décrivaient des mondes dans lesquels les ordinateurs, devenus plus intelligents que les humains, les asservissaient sans merci. On dut toutefois se rendre à l'évidence, dix ans plus tard, qu'aucune de ces prophéties ne s'était réalisée.

Ces projets de fabriquer des machines intelligentes et les craintes et les désillusions qu'ils ont suscitées ont contribué à obscurcir et mélanger différentes questions qui se posent à propos de la démonstration automatique.

Une première question concerne la possibilité théorique qu'une machine puisse construire des démonstrations aussi bien qu'un être humain. Si l'on admet la thèse de Church dans sa forme psychologique, il semble que l'on doive en tirer la conséquence que les processus mentaux à l'œuvre quand on construit une démonstration peuvent, en théorie, être simulés par un ensemble de règles de calcul, et donc par un ordinateur. Puisque la thèse de Church dans sa forme psychologique n'est qu'une hypothèse, il est possible de soutenir la thèse inverse, selon laquelle une frontière infranchissable sépare l'homme de la machine, et que les êtres humains sauront toujours, mieux que les machines, construire des démonstrations. Mais soutenir cette thèse demande d'abandonner la forme psychologique de la thèse de Church, qui est, comme nous l'avons vu, la conséquence de deux autres thèses : la forme physique de la thèse de Church et la thèse matérialiste selon laquelle les êtres humains font partie de la nature. Il est alors nécessaire d'abandonner au moins l'une de ces deux thèses : ou bien la thèse selon laquelle les êtres humains font partie de la nature, ce qui amène à supposer que l'esprit est autre chose que le fonctionnement du cerveau, ou bien la forme physique de la thèse de Church, ce qui demande d'abandonner ou bien la thèse que l'information a une densité finie ou bien celle que sa vitesse de transmission est finie. Certains, comme Roger Penrose, espèrent ainsi une nouvelle physique qui remettrait en cause les principes de finitude de la densité et de la vitesse de transmission de l'information et expliquerait pourquoi le fonctionnement du cerveau ne peut pas être simulé par un ordinateur.

S'il est possible d'aller dans ces deux directions, il semble, en revanche, impossible de soutenir à la fois que l'information a une densité et une vitesse de transmission finies, que les êtres humains font partie de la nature et que les processus mentaux à l'œuvre quand on construit une démonstration ne peuvent pas, en théorie, être simulés par un ordinateur.

Une deuxième question, relativement indépendante, est celle de la possibilité qu'une machine construise des démonstrations aussi bien que le fait un être humain, ici et maintenant. À cette question, il est plus facile de répondre : même si l'on pense qu'il est, en principe, possible pour une machine de construire des démonstrations aussi bien que le fait un être humain, force est de constater que les programmes de démonstration automatique construits à ce jour ont des performances inférieures à celles des êtres humains.

Une dernière question concerne le caractère justifié ou non de nos craintes que des machines construisent des démonstrations aussi bien que nous. Tout d'abord, même si ces craintes étaient justifiées, cela ne changerait rien aux deux questions précédentes. Soutenir que les machines ne peuvent pas construire des démonstrations aussi bien que le font les êtres humains, parce que cela serait désagréable, est aussi absurde que soutenir que la ciguë n'est pas un poison parce que cela serait désagréable. Pour revenir à la questions elle-même, il est, certes, difficile de savoir si ces craintes sont justifiées ou non, mais on peut remarquer que les machines sont déjà « meilleures » que nous pour effectuer des multiplications, jouer aux échecs ou lever des charges lourdes, et qu'aucune machine à calculer, aucun programme d'échecs, ni aucune grue n'a encore pris le pouvoir. Y a-t-il donc des raisons fondées de redouter des machines qui construiraient des démonstrations mieux que nous le faisons ?

La fascination exercée par cette idée de compétition entre l'homme et la machine et la volonté de donner une réponse tranchée à cette question de la possibilité qu'une machine raisonne comme le fait un être humain ont longtemps masqué, ce qui est beaucoup plus intéressant, que les programmes de démonstration automatique ont fait des progrès constants depuis les années cinquante. Il y a, en effet, une grande diversité dans la difficulté de construction des démonstrations et chaque génération de programme a permis de démontrer des propositions sur lesquelles les programmes précédents échouaient. Et il est beaucoup plus intéressant d'essayer de comprendre les idées qui ont permis ces progrès que d'essayer de comprendre si une machine peut raisonner mieux ou moins bien que le fait un être humain.

La « résolution » et la paramodulation

À ses débuts, la démonstration automatique a hérité des cadres conceptuels de la logique et, en particulier, de la méthode axiomatique et de la logique des prédicats. Ainsi, les premières méthodes de démonstration automatique; comme la « résolution », proposée par Alan Robinson en 1965, et la paramodulation, proposée en 1969 par Larry Wos et George Robinson, servent à rechercher des démonstrations dans le calcul des prédicats. Le cœur de ces méthodes est un algorithme, l'algorithme d'unification, qui permet de comparer deux expressions et de suggérer des expressions par lesquelles remplacer les variables pour rendre ces deux expressions identiques. Par exemple, quand on compare les expressions $x + (y + z)$ et $a + ((b + c) + d)$, l'algorithme d'unification suggère de remplacer la variable x par l'expression a, la variable y par l'expression $b + c$ et l'expression z par l'expression d, ce qui rend ces deux expressions identiques. En revanche, quand on compare les expressions $x + (y + z)$ et a, l'algorithme d'unification échoue, car il n'existe pas de moyen de rendre ces deux expressions identiques en remplaçant les variables x, y et z.

Quand on cherche à démontrer la proposition $a + ((b + c) + d) = ((a + b) + c) + d$ en utilisant l'axiome « pour tout x, y et z, $x + (y + z) = (x + y) + z$ » qui exprime que l'addition est une opération associative, la paramodulation suggère de comparer l'expression $x + (y + z)$, qui est l'un des termes de l'égalité posée en axiome, avec toutes les expressions apparaissant dans la proposition à démontrer. Quand cette comparaison réussit et suggère des expressions par lesquelles remplacer les variables, on peut remplacer cette expression par l'autre membre de l'égalité posée en axiome, dans laquelle on a, bien entendu, remplacé les variables de manière similaire. Dans cet exemple, la comparaison de $x + (y + z)$ avec $a + ((b + c) + d)$ suggère de remplacer $a + ((b + c) + d)$ par $(a + (b + c)) + d$. La proposition à démontrer devient donc $(a + (b + c)) + d = ((a + b) + c) + d$. Dans une seconde étape, on remplace $a + (b + c)$ par $(a + b) + c$ et la proposition à démontrer est alors $((a + b) + c) + d = ((a + b) + c) + d$, facile à démonter puisqu'elle est de la forme $x = x$.

L'idée principale de la résolution et de la paramodulation consiste donc à utiliser l'algorithme d'unification pour suggérer des expressions par lesquelles remplacer les variables. Avant ces méthodes, on remplaçait « à l'aveugle » les variables par toutes les expressions possibles en espérant que la bonne expression finirait par sortir, ce qui se produisait effectivement, mais après un temps souvent long. On s'est rendu compte, après coup, que cette idée d'unification avait été suggérée, bien avant Robinson, par Herbrand, en 1931, à l'époque des recherches sur le problème de la décision de Hilbert.

Un problème d'unification est assez similaire à une équation : dans un cas comme dans l'autre, il s'agit de donner des valeurs aux variables pour rendre deux choses égales. La spécificité de l'unification vient de la forme d'égalité recherchée. Quand on unifie deux expressions comme $x + 2$ et $2 + 2$, on doit remplacer la variable x de manière à rendre ces deux expressions identiques. Ici, la solution est de remplacer la variable x par 2. Mais il n'existe aucun moyen d'unifier les deux expressions $x + 2$ et 4. En particulier, en remplaçant x par 2, on obtient l'expression $2 + 2$ qui n'est pas identique à l'expression 4, et le fait que 2 et 2 fassent 4 n'y change rien.

Transformer les axiomes d'égalité en règles de calcul

Quand un axiome est de la forme $t = u$, la paramodulation permet de remplacer n'importe quelle instance de t par l'instance de u correspondante et n'importe quelle instance de u par l'instance de t correspondante. Ainsi, en utilisant l'axiome d'associativité, à chaque fois que l'on a une expression de la forme $p + (q + r)$, on peut décaler les parenthèses vers la gauche et, à chaque fois que l'on a une expression de la forme $(p + q) + r$, on peut les décaler vers la droite.

Cette méthode demande souvent de longs calculs, même pour résoudre des problèmes simples. Par exemple, si l'on veut démontrer, en utilisant l'axiome d'associativité de l'addition, une proposition un peu plus complexe que celle ci-dessus, par exemple la proposition $((a + (b + c)) + ((d + e) + (f + g)) + h) = ((a + b) + (c + d)) + (e + ((f + g) + h))$, il y a plus d'une dizaine de manières d'attaquer le problème, puisqu'à chaque fois qu'il y a une addition dans la proposition à démontrer et que l'un des termes de cette addition est lui-même une addition, il est possible de décaler les parenthèses. Explorer toutes ces possibilités puis, dans chacun des cas, toutes les possibilités pour la deuxième étape, puis toutes celles pour la troisième étape... demande beaucoup de temps, même pour un ordinateur, ce qui met en péril les chances de succès de la méthode. Car si résoudre un problème simple, comme celui-ci, nécessite ne serait-ce que quelques minutes, la méthode est sans intérêt.

Pourtant, une manière plus simple de résoudre ce problème existe, qui consiste à décaler toujours les parenthèses vers la gauche, jamais vers la droite. On transforme ainsi la proposition à démontrer en $((((((a + b) + c) + d) + e) + f) + g) + h = ((((((a + b) + c) + d) + e) + f) + g) + h$ qui est facile à démontrer puisqu'elle est de la forme $x = x$. Plus généralement, à chaque fois que l'on a un axiome de la forme $t = u$, on peut décider de l'utiliser dans un sens unique, par exemple pour remplacer t par u, mais pas u par t. Ainsi, tous les cycles dans lesquels on remplace t par u pour ensuite remplacer u par t et revenir au point de départ sont éliminés. Quand on décide d'utiliser un axiome de la forme $t = u$ pour remplacer t par u, mais jamais u par t, on transforme cet axiome en une règle de calcul.

Cela ne suffit, cependant, pas car de nombreuses possibilités de décaler les parenthèses vers la gauche existent dans une proposition comme celle ci-dessus. Pour éviter de les explorer toutes, il faut utiliser le fait que le résultat du calcul ne dépend pas de l'ordre dans lequel on décale ces parenthèses.

Il est naturel de souhaiter que le résultat d'un calcul ne dépende pas de l'ordre dans lequel on applique les règles, mais cela dépend des règles que l'on utilise. Par exemple, si deux règles de calcul permettent l'une de transformer l'expression $0 + x$ en x et l'autre $x + x$ en $2 \times x$, alors, selon que l'on commence le calcul de l'expression $0 + 0$ avec la première ou la seconde règle, on obtient le résultat 0 ou 2×0. Quand le résultat final ne dépend pas de l'ordre des calculs, l'ensemble des règles de calcul est dit « confluent ». On dit aussi qu'il a la propriété de Church et Rosser, car c'est l'une des premières propriétés que Church et Rosser ont démontrées dans les années trente à propos de la bêta-réduction du lambda-calcul. Quand un ensemble de règles de calcul, comme celui-ci, n'est pas confluent, il est parfois possible d'ajouter des règles de manière qu'il le devienne. Dans cet exemple, il suffit d'ajouter une troisième règle qui transforme 2×0 en 0 pour rendre l'ensemble confluent.

Cette idée de transformer des axiomes de la forme $t = u$, non seulement en des règles de calcul, mais en des règles qui forment un ensemble confluent, a été proposée en 1970 par Donald Knuth et Peter Bendix. Elle permet de concevoir des méthodes de démonstration automatique qui démontrent des propositions, comme celle ci-dessus, plus rapidement que le font les méthodes précédentes, car elles évitent les boucles dans lesquelles on décale des parenthèses vers la gauche, pour ensuite les décaler vers la droite, et les tentatives redondantes qui ne diffèrent que par l'ordre dans lequel on applique les règles.

De l'unification à la résolution d'équations

Cependant, quand on transforme ainsi des axiomes en règles de calcul, on perd la possibilité de démontrer certaines propositions formées avec des quantificateurs, par exemple la proposition « il existe y tel que $a + y = (a + b) + c$ », que l'on pouvait démontrer avec les méthodes antérieures, quand l'associativité était encore un axiome. En effet, il n'est pas possible d'appliquer la règle de calcul de l'associativité à cette proposition, car les parenthèses sont déjà toutes à gauche, et l'unification des expressions $a + y$ et $(a + b) + c$ échoue car, quelle que soit l'expression par laquelle on remplace y dans $a + y$, on n'obtient jamais $(a + b) + c$.

Les bases d'une méthode qui permet de transformer des axiomes en règles de calcul, sans perdre de démonstrations en chemin, ont été jetées en 1972 par Gordon Plotkin. Pour démontrer cette proposition, la méthode de Plotkin, comme les méthodes antérieures, compare les expressions $a + y$ et $(a + b) + c$, mais, alors que les méthodes antérieures échouaient, celle de Plotkin trouve la solution $b + c$, car si l'on remplace la variable y par l'expression $b + c$ dans l'expression $a + y$, on obtient l'expression $a + (b + c)$, qui n'est, certes, pas identique à $(a + b) + c$, mais qui se calcule en $(a + b) + c$. De ce fait, l'algorithme d'unification de Plotkin est plus complexe que celui de Robinson, puisqu'il doit prendre en compte les règles de calcul. Dans le vocabulaire de Plotkin, l'axiome d'associativité a été « incorporé » à l'unification. Par la suite, on a montré que l'on pouvait incorporer à l'unification, non seulement l'axiome d'associativité, mais aussi bien d'autres axiomes d'égalité.

On peut, par exemple, incorporer à l'unification toutes les règles de calcul de l'arithmétique, et le problème d'unification $x + 2 = 4$, qui n'avait pas de solution sans règle de calcul, en a désormais une puisque $2 + 2$ se calcule en 4. Ces problèmes d'unification étendus ressemblent beaucoup aux équations de que l'on apprend à résoudre au lucée. La méthode Plotkin fait donc apparaître, outre le raisonnement et le calcul, un troisième outil : la résolution d'équations. On explique ainsi une chose que tous les lycéens ont constatée par l'expérience : pour résoudre un problème mathématique, il faut parfois effectuer un calcul, parfois construire un raisonnement, parfois résoudre une équation.

Cette irruption de la résolution d'équations dans les méthodes de démonstration automatique nous amène à jeter un regard nouveau sur les équations utilisées en mathématiques. *A priori*, une équation est formée de deux expressions qui contiennent des variables et une solution est formée par des expressions par lesquelles on remplace les variables de manière à rendre les deux expressions égales. Par exemple, une solution de l'équation $x + 2 = 4$ est une expression a telle que la proposition $a + 2 = 4$ soit démontrable. Résoudre l'équation consiste donc à donner une expression a et une démonstration de la proposition $a + 2 = 4$. Dans ce cas particulier, quand on donne la solution 2, il n'est pas nécessaire de donner une démonstration de la proposition $2 + 2 = 4$, puisqu'il suffit de calculer $2 + 2$ pour obtenir le résultat 4. Deux types d'équations existent donc en mathématiques : celles pour lesquelles il faut donner une solution et une démonstration que la solution proposée en est une, et celles pour lesquelles la solution se suffit à elle-même car la vérification que la solution proposée en est une ne demande qu'un calcul. Beaucoup des équations que l'on apprend à résoudre au lycée se trouvent dans ce second cas, et on commence à connaître des méthodes assez générales pour les résoudre, même si ces méthodes restent souvent moins efficaces que les méthodes spécialisées apprises au lycée.

C'est, en particulier, grâce à un tel algorithme de résolution d'équations que, le 10 octobre 1996, le programme EQP de William McCune a démontré, après huit jours de calculs ininterrompus, un théorème relatif à l'équivalence de différentes définitions de la notion d'algèbre de Boole, certes un peu anecdotique, mais que personne n'avait démontré avant lui. Cet exploit mérite d'être célébré, même s'il se situe très en deçà des prophéties des pionniers de la démonstration automatique.

La théorie des types de Church

Les méthodes que nous avons évoquées permettent de chercher des démonstrations dans des théories simples, comme la théorie de l'associativité, dans lesquelles tous les axiomes sont des égalités. Pour tenter de démontrer de véritables théorèmes mathématiques, il était naturel de chercher à concevoir des programmes de démonstration automatique spécialisés pour des théories, comme la théorie des types de Church et la théorie des ensembles, dans lesquelles toutes les mathématiques peuvent s'exprimer.

Nous avons vu que la théorie des types de Church comportait principalement un axiome : l'axiome de bêta-conversion, qui a la forme d'une égalité. En 1971, Peter Andrews a proposé d'incorporer cet axiome à l'algorithme d'unification, proposition *a posteriori* proche de celle de Plotkin qui consistait à incorporer l'axiome d'associativité à l'unification. Ce projet a été mené à bien l'année suivante par Gérard Huet, qui a proposé un algorithme d'unification « d'ordre supérieur », c'est-à-dire dans lequel l'axiome de bêta-conversion est incorporé. Cela revenait à transformer l'axiome de bêta-conversion en ce qu'il était à l'origine : une règle de calcul. En même temps que Martin-Löf, mais de manière indépendante et pour des raisons différentes, Huet a proposé de retransformer cet axiome en une règle de calcul.

Par-delà leurs différences de but et de forme, les méthodes proposées par Plotkin et par Huet présentent donc un point commun : toutes deux commencent par transformer des axiomes en règles de calcul. Cela nous permet de donner un élément de réponse à la question posée au début de ce chapitre : quelles idées ont permis aux méthodes de démonstration automatique de progresser depuis les années cinquante ? L'une de ces idées est celle de transformer des axiomes en règles de calcul, donc de prendre de la distance par rapport à la logique des prédicats et à la méthode axiomatique. Si l'on avait conservé la conception axiomatique des mathématiques, on se serait condamné à concevoir des méthodes qui cherchent à démontrer la proposition « 2 + 2 = 4 » en convoquant potentiellement tous les axiomes des mathématiques, au lieu de simplement effectuer l'addition.

CHAPITRE XI

La vérification des démonstrations

Le constat que la démonstration automatique ne remplissait pas toutes ses promesses a incité certains à s'orienter vers un projet moins ambitieux : celui de la vérification des démonstrations. Quand on utilise un programme de démonstration automatique, on énonce une proposition et le programme cherche à construire une démonstration de cette proposition. Quand on utilise un programme de vérification de démonstrations, en revanche, on énonce à la fois une proposition et une démonstration de cette proposition, et le programme se contente de vérifier que la démonstration est correcte.

Ce projet est moins ambitieux que celui de la démonstration automatique, mais il s'applique à des démonstrations plus complexes, en particulier à de réelles démonstrations mathématiques. Ainsi, une bonne part du programme de mathématiques enseigné dans les premières années d'université a été vérifiée par plusieurs de ces programmes. Une seconde étape de cette démarche, qui a débuté au cours des années quatre-vingt-dix, consiste à se demander, *a posteriori*, quelle part de ces démonstrations peut être laissée à un programme de démonstration automatique et quelle part demande une intervention humaine.

Le point de vue diffère de celui des pionniers de la démonstration automatique : l'idée de coopération entre l'homme et la machine s'est substituée à celle de compétition.

Pourquoi est-il utile de vérifier que des démonstrations mathématiques sont correctes ? Tout d'abord, même les mathématiciens les plus rigoureux font parfois de petites erreurs. On s'est, par exemple, aperçu en utilisant un programme de ce type qu'une démonstration de Newton portant sur le mouvement des planètes sur lesquelles s'exerce l'attraction gravitationnelle du Soleil comportait une erreur. Cette erreur peut être corrigée et elle ne remet nullement en cause les théories de Newton, mais de telles erreurs sont fréquentes dans les publications mathématiques. Plus grave, au cours de l'histoire, de nombreuses fausses démonstrations de l'axiome des parallèles, du théorème de Fermat – si n est un nombre entier supérieur ou égal à 3, il n'existe pas de nombres entiers strictement positifs x, y et z tels que $x^n + y^n = z^n$ – ou du théorème des quatre couleurs, dont nous reparlerons au chapitre XII, par exemple, ont été proposées, par des amateurs illuminés mais aussi par des mathématiciens rigoureux, parfois par de grands mathématiciens. Puisque l'on sait que la correction d'une démonstration peut être vérifiée par un simple calcul qui permet de vérifier qu'à chaque étape on applique une règle de déduction en utilisant comme prémisses des propositions déjà démontrées, il est naturel de s'aider d'un outil pour effectuer ce calcul.

Utiliser un programme de vérification de démonstrations mathématiques demande d'écrire les démonstrations dans leurs moindres détails, c'est-à-dire de manière plus précise que ce qu'imposent les normes de la rédaction mathématique traditionnelle. Cela est parfois fastidieux, mais cela incite aussi à écrire les mathématiques de manière plus rigoureuse. Au cours de l'histoire, les normes de la rédaction mathématique n'ont cessé d'évoluer vers plus de rigueur et l'utilisation de programmes de vérification de démonstrations est une nouvelle étape dans cette longue histoire : l'étape où les démonstrations sont suffisamment rigoureuses pour qu'un ordinateur puisse vérifier leur correction.

Si les mathématiques étaient restées dans l'état dans lequel elles étaient à l'époque de Newton, ce type d'outil aurait eu cependant sans doute une importance mineure. En revanche, l'évolution de la longueur et de la complexité des démonstrations mathématiques au XXe et au XXIe siècle rend ce type d'outil, à plus ou moins long terme, indispensable pour s'assurer de la correction de certaines démonstrations. Par exemple, alors que la démonstration du petit théorème de Fermat – si *a* est un nombre premier, alors *p* est un diviseur de $a^p - a$ –, démontré par Fermat lui-même au XVIIe siècle, prend une demi-page, la démonstration du grand théorème de Fermat, cité plus haut et démontré en 1994 par Andrew Wiles, en prend plusieurs centaines. Dans le cas de ce théorème, plusieurs mathématiciens ont relu la démonstration et sont arrivés à la conclusion qu'elle était correcte, non sans avoir, dans un premier temps, trouvé une erreur que Wiles a réussi à corriger. S'assurer de la correction d'une telle démonstration sans utiliser un outil est possible, puisque cela a été fait, mais le travail à fournir est important, et l'on peut se demander si cette relecture par les pairs continuera à suffire, si la taille des démonstrations continue à croître. La démonstration de Wiles n'est pas parmi les plus longues ; celle du théorème de classification des groupes simples, achevée par Ronald Solomon en 1980, comporte quinze mille pages réparties dans plusieurs centaines d'articles écrits par plusieurs dizaines de mathématiciens... Même si les programmes de vérification de démonstrations sont encore trop frustes pour traiter des démonstrations de cette taille, ils portent l'espoir que l'on puisse un jour domestiquer ces démonstrations monstrueuses.

Le programme Automath

Dans le premier programme de vérification de démonstrations, le programme Automath, développé par de Bruijn à partir de 1967, les démonstrations étaient déjà bâties avec des axiomes, des règles de déduction et des règles de calcul, même si celles-ci se limitaient au remplacement d'un symbole défini par sa définition et à la bêta-réduction. De ce fait, pour démontrer que 2 + 2 est égal à 4, on ne pouvait pas se contenter d'effectuer l'addition et il était nécessaire de construire un raisonnement. De Bruijn avait noté le paradoxe qu'il y avait à utiliser un ordinateur sans pouvoir le laisser effectuer une addition, mais il semble avoir eu une certaine réticence à utiliser davantage de règles de calcul dans les démonstrations.

Plus tard, on a compris que ces programmes seraient inutilisables si l'on devait construire un raisonnement à chaque fois que l'on voulait démontrer la proposition « 2 + 2 = 4 ». Cela explique que certains programmes utilisent, plutôt que la théorie des ensembles, une formalisation des mathématiques qui permet d'articuler raisonnement et calcul, comme la théorie des types de Martin-Löf ou l'une de ses extensions, comme le calcul des constructions. D'autres programmes utilisent la théorie des types de Church, mais toujours dans une variante dans laquelle l'axiome de bêta-conversion est remplacé par une règle de calcul, et souvent dans laquelle d'autres règles de calcul sont ajoutées.

Calculable, mais après coup

Le développement de ces programmes de vérification de démonstrations a permis d'inventer de nouvelles manières d'utiliser les règles de calcul dans une démonstration mathématique.

Nous avons vu, au chapitre II, que certaines notions étaient définies directement de manière calculatoire, d'autres non. Par exemple, la définition selon laquelle un nombre x est composé quand il existe deux nombres y et z, supérieurs ou égaux à 2, tels que x soit égal à $y \times z$, ne suggère pas directement un algorithme. Mais de nombreux algorithmes permettent de décider si un nombre est composé ou non. Il suffit, par exemple, d'ajouter dans la définition ci-dessus que les nombres y et z doivent être inférieurs à x pour la rendre calculatoire, puisque pour décider si un nombre x est composé, il suffit de multiplier entre eux tous les nombres inférieurs à x et de vérifier si l'une de ces multiplications donne le résultat x. Il existe cependant de bien meilleurs algorithmes, comme celui qui consiste à tester la divisibilité du nombre x par tous les nombres inférieurs.

On peut donc définir un algorithme p dont le résultat est 1 ou 0 selon que le nombre auquel on l'applique est composé ou non. En utilisant cet algorithme, on peut donner une nouvelle définition de la notion « être composé »: un nombre x est composé si $p(x) = 1$. Et il n'est pas difficile de démontrer que ces deux définitions sont équivalentes, c'est-à-dire que $p(x) = 1$ si et seulement si il existe deux nombres y et z tels que x soit égal à $y \times z$.

Il y a désormais deux manières de démontrer que le nombre 91 est composé. La première est de donner deux nombres y et z dont 91 est le produit : 7 et 13. La seconde se contente de démontrer la proposition $p(91) = 1$, et comme cette proposition est identique par le calcul à $1 = 1$, puisque p est un algorithme, on peut la démontrer en utilisant l'axiome « pour tout x, $x = x$ ». Les règles de calcul permettent donc de simplifier et d'automatiser la construction des démonstrations de nombreuses propositions, naturellement celles qui, comme $2 + 2 = 4$, utilisent une notion définie calculatoirement, mais aussi celles de propositions comme « 91 est composé », qui utilisent des notions qui ne sont pas définies calculatoirement et pour lesquelles un algorithme a été trouvé après coup. Ces démonstrations sont plus courtes que les démonstrations traditionnelles, mais les vérifier demande de refaire un certain nombre de calculs.

La correction des programmes

Avant même de concevoir des programmes pour vérifier des démonstrations mathématiques générales, les informaticiens ont pris conscience de la nécessité de concevoir des programmes pour vérifier des démonstrations de correction de programmes et de circuits électroniques. En effet, les démonstrations mathématiques ne sont pas les seuls objets dont la longueur et la complexité ont explosé dans les dernières années du XXe siècle. La longueur des programmes et la taille des circuits électroniques aussi ont explosé, sans doute davantage que celles des démonstrations mathématiques : certains programmes informatiques se composent de centaines de milliers de lignes alors que ce livre, par exemple, n'en contient que quelques milliers. Les programmes et les circuits électroniques atteignent des complexités nouvelles, sans commune mesure avec celle des objets industriels plus anciens, comme les locomotives à vapeur ou les postes de radio.

Le seul moyen de s'assurer qu'un objet d'une telle complexité est correct est de le démontrer. Nous avons vu un exemple de démonstration de correction d'un algorithme : en définissant la notion « être composé » de manière abstraite, d'une part, et par un algorithme, d'autre part, et en démontrant que ces deux définitions sont équivalentes, nous avons démontré que l'algorithme est correct vis-à-vis de la définition abstraite.

La taille des démonstrations de correction de ces programmes et circuits est au moins proportionnelle à la taille des objets, programmes ou circuits, dont elles parlent. Ces démonstrations diffèrent donc des démonstrations mathématiques traditionnelles, plus ou moins longues et complexes, qui parlent d'objets pouvant se définir en quelques lignes. De ce fait, si l'on construit ces démonstrations à la main, mais il est difficile de se convaincre qu'elles sont correctes et, pour cela, il est indispensable de s'aider d'un système de vérification de démonstrations. Cela a donc mené à la conception de « programmes de vérification de démonstrations de correction de programmes et de circuits ».

Pour démontrer la correction d'un programme ou d'un circuit, on doit pouvoir exprimer, entre autres choses, le fait qu'un programme appliqué à une certaine valeur donne un certain résultat, par exemple le fait qu'un programme qui utilise l'algorithme d'Euclide pour calculer le plus grand diviseur commun de deux nombres appliqué aux nombres 90 et 21 donne le résultat 3. Pour définir cela, on peut utiliser des axiomes et des règles de déduction, mais comme on parle ici de programmes et de calculs, il est plus naturel d'utiliser des règles de calcul. Les premiers programmes de vérification de démonstrations de correction de programmes, comme les programmes LCF développés par Robin Milner et ACL développé par Robert Boyer et J. Strother Moore, ont utilisé une formalisation du langage mathématique particulière, qui n'est ni la théorie des ensembles, ni la théorie des types, et qui contient un langage de programmation comme sous-langage. Pour démontrer que l'algorithme d'Euclide appliqué aux nombres 90 et 21 donne le résultat 3, il suffit, dans ces langages, d'exécuter l'algorithme d'Euclide exprimé dans le langage de programmation contenu à l'intérieur du langage mathématique.

Boyer et Moore sont allés plus loin puisque, dans leur langage, les règles de déduction aussi sont remplacées par des règles de calcul. Certes, le théorème de Church limite *a priori* cette entreprise et l'on ne peut pas demander à ces règles de calcul de terminer toujours. Et ce n'est naturellement pas le cas des règles du programme ACL. Avec ce programme, Boyer et Moore sont allés aussi loin que le théorème de Church le permettait dans la réalisation du programme de Hilbert de remplacer le raisonnement par le calcul.

En poursuivant des buts différents, de Bruijn et ses successeurs, d'une part, Milner, Boyer et Moore, d'autre part, sont arrivés à une conclusion similaire à celle de Martin-Löf, Plotkin et Huet : pour construire des démonstrations, il faut utiliser des axiomes et des règles de déduction, mais aussi des règles de calcul.

CHAPITRE XII

Des nouvelles du terrain

L'idée qu'une démonstration ne se construit pas uniquement avec des axiomes et des règles de déduction, mais aussi avec des règles de calcul, a fait son chemin au début des années soixante-dix dans la théorie des types de Martin-Löf, d'une part, et dans divers travaux consacrés au traitement informatique des démonstrations mathématiques, d'autre part. Ces travaux étudient les théories et les démonstrations mathématiques comme des objets, c'est-à-dire de l'extérieur : ce sont donc des travaux de logique. Mais les mathématiques n'évoluent jamais sous la seule influence de la logique. Pour qu'une évolution se produise, il faut qu'elle apporte quelque chose aux « mathématiques de terrain », c'est-à-dire à la pratique des mathématiques.

Pour comprendre si cette remise en cause de la conception axiomatique est une anecdote ou une évolution profonde des mathématiques, il convient également de l'observer depuis le terrain, ce que nous allons faire dans ce chapitre, dans lequel les exemples – le théorème des quatre couleurs, le théorème de Morley, le théorème de Hales… – ne sont pas des théorèmes de logique, mais des théorèmes de géométrie.

Le théorème des quatre couleurs

Au milieu du XIXe siècle, un nouveau problème mathématique est apparu : le problème des quatre couleurs. Quand on colorie une carte de géographie, on peut décider d'utiliser une couleur différente pour chaque région de la carte. On peut aussi être plus économe et réutiliser une même couleur pour deux régions, quand elles n'ont pas de frontière en commun. En suivant cette idée, Francis Guthrie a trouvé, en 1853, une manière de colorier la carte des comtés du Royaume-Uni qui utilise quatre couleurs seulement. Comme il arrive que quatre comtés se touchent deux à deux, il est impossible d'utiliser moins de quatre couleurs. Le nombre de couleurs nécessaires pour colorier cette carte est donc exactement quatre.

Le problème du nombre de couleurs nécessaires pour colorier la carte du Royaume-Uni était donc résolu, mais Guthrie s'est demandé si cette propriété était particulière à cette carte ou si toutes les cartes pouvaient être coloriées avec quatre couleurs ou moins. Il a émis l'hypothèse que c'était le cas, sans réussir à le démontrer. Vingt-cinq ans plus tard, en 1879, Alfred Kempe a cru résoudre le problème et démontrer que quatre couleurs suffisaient pour toutes les cartes, mais dix ans après, en 1890, Percy Heawood a trouvé une erreur dans cette démonstration. Le problème n'a finalement été résolu qu'en 1976 par Kenneth Appel et Wolfgang Haken.

L'argument de Kempe, même s'il est faux, mérite que l'on s'y arrête. Une manière naturelle de colorier une carte est de commencer par colorier une première région, puis une deuxième, puis une troisième... Cela amène à se concentrer sur la situation dans laquelle un certain nombre de régions de la carte ont déjà été coloriées, avec quatre couleurs au maximum, et une nouvelle région doit être coloriée. Si, dans une situation comme celle-ci, on arrive toujours à choisir une couleur pour la nouvelle région, alors, par récurrence, c'est-à-dire de proche en proche, on arrivera à colorier n'importe quelle carte.

Quand on cherche à colorier une nouvelle région, on peut commencer par observer les régions limitrophes déjà coloriées. Si, par chance, elles n'utilisent pas encore les quatre couleurs, on peut colorier la nouvelle région avec l'une des couleurs non utilisées. En revanche, quand les quatre couleurs sont utilisées, il faut modifier le coloriage de façon à libérer une couleur à la frontière de la nouvelle région. La démonstration de Kempe proposait une méthode pour modifier le coloriage d'une carte, de manière à libérer une couleur. Et c'est dans cette méthode de modification du coloriage que Kempe s'est trompé.

Cette tentative de démonstration a le mérite de nous faire faire un peu de « mathématiques-fiction » : imaginons que l'on arrive à faire fonctionner l'argument de Kempe, mais uniquement pour les cartes pour lesquelles on a déjà colorié plus de dix régions. Dans ce cas, une fois les dix premières régions coloriées, on aurait un moyen de colorier la onzième, la douzième, la treizième... Le problème des quatre couleurs se ramènerait donc à celui de montrer que toutes les cartes de moins de dix régions peuvent être coloriées avec quatre couleurs. Et, comme les cartes de moins de dix régions sont en nombre fini, il suffirait de les énumérer et de les colorier l'une après l'autre.

Cette méthode diffère peu de la méthode de l'élimination des quantificateurs qui nous a permis, au chapitre IV, de ramener le problème de trouver une solution à l'équation $x^3 - 2 = 0$ dans le domaine des nombres entiers à celui de trouver une solution comprise entre 0 et 10.

La démonstration proposée en 1976 par Appel et Haken procède ainsi, mais de manière plus complexe : d'une part, la propriété qu'Appel et Haken montrent par récurrence est plus compliquée que la simple existence d'un coloriage ; d'autre part, l'ensemble fini de cartes auquel ils se ramènent n'est pas simplement l'ensemble des cartes de moins de dix régions, mais un ensemble, lui aussi, plus compliqué à définir. Mais l'idée générale demeure : la démonstration consiste à réduire le problème des quatre couleurs à un problème portant sur un ensemble fini de cartes. Cet ensemble contient 1 500 cartes, qu'il suffit d'énumérer et de vérifier une à une. Néanmoins, si Appel et Haken avaient tenté de faire cette énumération à la main, ils seraient morts avant d'avoir terminé. Pour mener à bien leur entreprise, ils ont utilisé un ordinateur, et même avec un ordinateur, le calcul a demandé 1 200 heures, soit plus d'un mois et demi. Aujourd'hui encore, on ne sait pas démontrer ce théorème « à la main », c'est-à-dire sans utiliser d'ordinateur.

À partir du résultat de ces 1 500 vérifications, l'ordinateur pourrait construire une démonstration. Cette démonstration prendrait des millions de pages et personne ne serait capable de la lire : l'imprimer ne servirait donc à rien.

La spécificité de cette démonstration semble être sa longueur, qui a rendu nécessaire l'utilisation d'un ordinateur pour la construire.

La démonstration du théorème des quatre couleurs est-elle le premier exemple de démonstration si longue qu'il faille utiliser un ordinateur pour la construire ? Oui et non. Avant 1976, on avait déjà utilisé des ordinateurs pour tester la primalité de grands nombres, pour calculer des décimales du nombre π ou pour résoudre, de manière approchée, des équations décrivant des systèmes physiques complexes, par exemple pour calculer la température en chaque point d'une pièce mécanique biscornue. Des théorèmes de la forme « le nombre n est premier » dans lequel n est un nombre de mille chiffres, « les mille premières décimales du nombre π sont 3,1415926… », ou « la température maximale dans une pièce de forme P est 80 °C », dans lequel P est la description d'une forme géométrique complexe, avaient été démontrés avant 1976, et l'on ne sait toujours pas démontrer ces théorèmes à la main aujourd'hui.

Mais, à la différence du théorème des quatre couleurs, ces théorèmes ont un énoncé de grande taille, puisqu'il contient un nombre de mille chiffres, les mille premières décimales du nombre π ou la description d'une forme géométrique complexe. Ces théorèmes, dont l'énoncé est long, ont vocation à avoir de longues démonstrations, impossibles à écrire à la main, puisqu'une démonstration d'un théorème contient au moins l'énoncé de ce théorème. En revanche, rien ne semblait prédestiner le théorème des quatre couleurs à avoir une démonstration si longue qu'elle ne puisse se construire sans ordinateur. Certains théorèmes voisins dans leur formulation, comme le théorème des sept couleurs qui concerne les cartes dessinées, non sur un plan ou une sphère comme la Terre, mais sur un tore, se démontrent en quelques pages, de manière classique. Le théorème des quatre couleurs est donc le premier théorème avec un énoncé court et une longue démonstration.

Le calcul formel

Au début des années quatre-vingt, de nouveaux programmes informatiques ont banalisé ce recours aux ordinateurs pour démontrer des théorèmes. On les appelle les programmes de « calcul formel ».

Nous avons vu qu'au XVIIIe siècle, avec le développement du calcul intégral, étaient apparus des algorithmes qui s'appliquaient, non à des nombres, mais à des expressions fonctionnelles comme $x \mapsto x \times x$. Il était naturel de vouloir utiliser des ordinateurs pour exécuter ces algorithmes et, par exemple, dériver des expressions comme celle-ci.

Ces programmes ont rapidement servi aux physiciens qui commençaient à peiner dans certains calculs. Par exemple, au XIXe siècle, Charles-Eugène Delaunay a consacré vingt années à effectuer des calculs approchés du mouvement de la Lune : un programme de calcul formel les refait en quelques minutes. Refaire ces calculs a d'ailleurs permis de détecter une petite erreur : Delaunay, en recopiant une expression, a confondu les fractions 1/6 et 1/16. Les conséquences de cette erreur sur la description du mouvement de la Lune sont minimes, ce qui explique qu'on ne l'ait pas détectée plus tôt.

Nous avons aussi vu que la géométrie d'Euclide était l'une des rares théories décidables. L'un des algorithmes pour décider si une proposition de la géométrie est démontrable ou non repose sur des calculs de polynômes que l'on peut désormais effectuer avec des programmes de calcul formel. Un exemple de théorème que l'on peut démontrer ainsi est le « théorème de Morley ». Selon ce théorème, si l'on prend un triangle *ABC* quelconque et que l'on trisecte chacun de ses angles, on obtient des droites qui s'intersectent en trois points, *M*, *N* et *P*, lesquels forment toujours un triangle équilatéral.

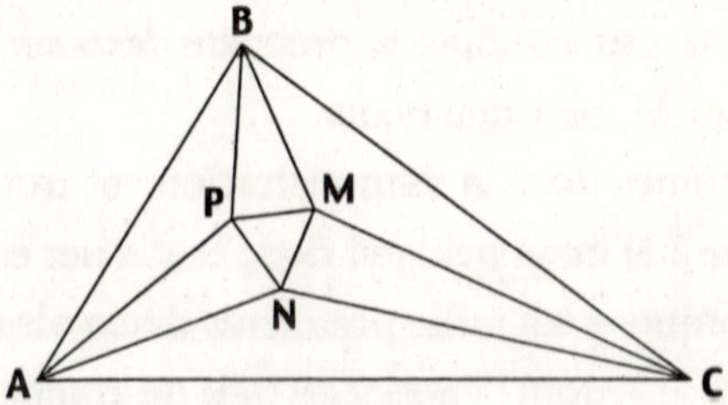

Il y a plusieurs démonstrations possibles de ce théorème, dont l'une se construit avec un programme de calcul formel. Dans cette démonstration, on introduit six variables pour les coordonnées des points *A*, *B* et *C*, puis on exprime en fonction de ces six variables l'équation des trisectrices, puis les coordonnées des points *M*, *N* et *P*, les distances *MN* et *MP*, la différence entre ces distances, et l'on obtient une expression fonctionnelle qui se simplifie et donne la valeur 0. La distance *MN* est donc égale à la distance *MP*. On montre, de même, que la distance *MN* est égale à la distance *NP* et l'on peut en conclure que le triangle est équilatéral.

Au début de cette démonstration, les expressions fonctionnelles sont petites mais, au fur et à mesure que l'on avance, apparaissent des expressions de plus en plus grosses qui, à partir d'un moment, demanderaient plusieurs dizaines de pages pour être écrites : le travail serait trop fastidieux pour être mené à bien à la main. Pour construire cette démonstration, s'aider d'un programme de calcul formel est donc indispensable.

Le théorème de Morley, comme le théorème des quatre couleurs, a donc une démonstration trop longue pour être construite sans ordinateur. Cependant, à la différence du théorème des quatre couleurs, on connaît d'autres démonstrations plus courtes de ce théorème, par exemple la première démonstration, proposée en 1909 par M. Satyanarayana.

Les théorèmes dont la démonstration est trop longue pour être construite à la main peuvent donc se diviser en deux catégories : ceux, comme « les mille premières décimales du nombre π sont 3,1415926... », dont l'énoncé est déjà de grande taille, et ceux, comme le théorème des quatre couleurs et le théorème de Morley, dont l'énoncé est de petite taille et que rien ne semble prédestiner à avoir une démonstration de grande taille. Dans cette seconde catégorie, on distingue deux sous-catégories : celle des théorèmes, comme le théorème de Morley, dont on connaît des démonstrations longues mais aussi des démonstrations courtes, et celle des théorèmes, comme le théorème des quatre couleurs, dont on ne connaît, à ce jour, que des démonstrations longues.

Le théorème de Hales

Jusqu'à la toute fin du XXe siècle, le théorème des quatre couleurs était seul dans cette catégorie des théorèmes dont l'énoncé est court et dont les seules démonstrations connues sont longues, ce qui relativisait le bouleversement méthodologique introduit par l'utilisation d'un ordinateur pour le démontrer. Beaucoup de mathématiciens pensaient que l'on trouverait, un jour ou l'autre, une démonstration courte de ce théorème et que l'on n'entendrait plus parler de ces démonstrations scandaleuses, trop longues pour être écrites à la main. Mais, en 1989, un deuxième théorème est venu s'ajouter à la liste, la démonstration de l'inexistence d'un plan projectif fini d'ordre 10, puis en 1995, le théorème de la double bulle, puis en 1998, le théorème de Hales. Ce théorème, selon lequel, en empilant des oranges, on ne peut jamais utiliser plus de 74 % de l'espace, $\pi\sqrt{2}/6$, et l'on doit donc laisser au moins 26 % de vide entre les oranges, résolvait un problème vieux de près de quatre siècles, puisqu'il avait été posé par Kepler en 1610. Si bien que la démonstration du théorème des quatre couleurs ne nous semble plus un cas isolé.

Deux causes expliquent la longueur de ces démonstrations : ou bien ces démonstrations comportent une longue étude de cas, comme la démonstration du théorème des quatre couleurs, ou bien elles utilisent de longues expressions fonctionnelles, comme celle du théorème de Morley. Parfois les deux, comme celle du théorème de Hales.

La démonstration du théorème des quatre couleurs est-elle vraiment longue ?

Les théorèmes précédents, qui demandent l'utilisation d'un ordinateur pour être démontrés, ont des démonstrations trop longues pour être écrites à la main.

Mais si l'on décide de construire ces démonstrations avec des axiomes, des règles de déduction et aussi des règles de calcul, on les expurge de tous les calculs effectués par les ordinateurs, comme on expurge de tous les détails de la multiplication de 7 par 13 la démonstration que 91 est un nombre composé. Comme nous l'avons vu au chapitre IX, ces démonstrations deviennent alors des démonstrations courtes à écrire et longues à vérifier.

Comprendre pourquoi

L'apparition de ce nouveau type de démonstration, en 1976, a suscité une crise que l'on peut comparer à la crise des géométries non euclidiennes ou à celle du constructivisme : à nouveau s'est posée la question de savoir ce qu'il était permis ou non de faire dans une démonstration mathématique. Mais la question n'est plus de savoir quels axiomes ou quelles règles de déduction on peut utiliser, mais de décider si une démonstration qui comporte trop de calculs pour être vérifiée à la main est encore une démonstration.

En fait, le débat a gardé des proportions modestes tant que la démonstration du théorème des quatre couleurs est restée un cas unique. Ce n'est que dans les années quatre-vingt-dix et au début du XXIe siècle que le nombre de démonstrations de ce type a commencé à augmenter, que l'on a pris conscience du fait que l'on se trouvait peut-être devant une évolution profonde des mathématiques et non devant un simple phénomène marginal et qu'il est devenu urgent de décider si ces démonstrations pouvaient être acceptées ou si elles devaient être rejetées.

Les critiques des nouvelles démonstrations se sont focalisées sur deux points : le fait que ces démonstrations ne sont pas explicatives et la difficulté de se convaincre qu'elles sont correctes.

Prenons l'exemple de la démonstration du théorème des quatre couleurs. L'argument que cette démonstration n'est pas explicative vient de l'idée que, s'il est vrai que toutes les cartes sont coloriables avec quatre couleurs, il doit bien y avoir une raison, et il ne peut pas y avoir mille cinq cents raisons différentes allant toutes miraculeusement dans le même sens. Quand on lance un dé mille cinq cents fois et que le six sort mille cinq cents fois, on suspecte qu'il y a une raison, par exemple que le dé est pipé, et on ne pense pas que l'on a simplement beaucoup de chance. Le principe même de la démarche scientifique est de trouver une raison unique qui explique la régularité d'un phénomène. C'est ce que l'on appelle une « explication ». Et c'est cette raison que la démonstration devrait donner, ce que ne fait pas la démonstration d'Appel et Haken.

Tout le monde est d'accord sur le fait que la démonstration d'Appel et Haken n'est pas une explication. Et tout le monde souhaite que l'on trouve une démonstration plus courte et plus explicative du théorème des quatre couleurs. Cependant, ce souhait de trouver une démonstration plus explicative est-il suffisant pour rejeter la démonstration que nous connaissons aujourd'hui ?

Démontrer un théorème en donnant plusieurs arguments qui fonctionnent dans des cas différents est une vieille pratique que l'on appelle faire une « démonstration par cas ». Par exemple, la démonstration donnée au chapitre 1, du fait qu'un carré n'est jamais le double d'un autre, procède en distinguant quatre cas, selon que chacun des nombres x et y est pair ou impair. Exclure les démonstrations par cas des mathématiques n'exclurait pas uniquement la démonstration du théorème des quatre couleurs, mais bien d'autres démonstrations. Toutes les démonstrations dans lesquelles on distingue les cas où un entier est pair ou impair, positif ou négatif, premier ou composé, égal à 2 ou différent de 2, autant dire la quasi-totalité des démonstrations mathématiques, seraient à exclure.

Bien entendu, toutes les démonstrations par cas ne sont pas la cible de ces critiques, mais uniquement celles qui comportent un grand nombre de cas. Mais il devient alors nécessaire de décider ce qu'est un grand nombre de cas et à partir de combien de cas on doit cesser d'accepter une démonstration. Dès que l'on accepte les démonstrations qui utilisent quatre cas, on voit mal comment refuser celles qui en utilisent mille cinq cent sans poser une limite arbitraire.

Il semble donc qu'il faille admettre que la démonstration du théorème des quatre couleurs est bien une démonstration. Et si elle n'est pas explicative, cela signifie que les notions de démonstration et d'explication doivent être distinguées.

La démonstration du théorème est-elle correcte ?

Une seconde critique à l'encontre de ces nouvelles démonstrations est qu'il est difficile se convaincre qu'elles sont correctes.

Quand un nouveau théorème est démontré par un mathématicien, sa démonstration, avant d'être publiée, est relue par d'autres, qui y cherchent d'éventuelles erreurs. Ce système, même s'il n'est pas infaillible, permet d'écarter un certain nombre de fausses démonstrations. Une fois la démonstration publiée, n'importe qui peut la relire et y chercher une éventuelle erreur. Ainsi, Heawood a trouvé une erreur dans la démonstration du théorème des quatre couleurs de Kempe dix ans après sa publication.

Quand la démonstration du théorème des quatre couleurs a été publiée, certains mathématiciens ont cherché à la lire et à la vérifier, ce qui était beaucoup plus difficile que pour une démonstration traditionnelle, car il leur fallait refaire tous les calculs d'Appel et Haken et, en 1976, faire un mois et demi de calculs avec un ordinateur n'était pas à la portée de tout le monde. La démonstration et les calculs n'ont été refaits qu'en 1995, toujours avec un ordinateur, par Neil Robertson, Daniel P. Sanders, Paul Seymour et Robin Thomas. Entre 1976 et 1995, il restait une incertitude sur la correction de la démonstration, car on ne pouvait pas écarter la possibilité qu'Appel et Haken aient fait une erreur dans l'écriture de leurs programmes. Cette notion de « reproductibilité » des résultats, familière en physique ou en biologie, était nouvelle en mathématiques, ce qui a amené certains à dire que les mathématiques devenaient une science expérimentale. Nous aurons l'occasion de revenir sur cette comparaison entre calculs et expériences.

Une possibilité pour lever les doutes sur la correction de cette démonstration était de démontrer la correction des programmes utilisés par Appel et Haken, mais cela n'a jamais été fait. Cette solution n'aurait toutefois été qu'à moitié satisfaisante, car la démonstration globale aurait été rédigée dans un sabir de deux langages différents : le langage mathématique traditionnel et celui du programme de vérification de démonstrations de correction de programmes. Un soupçon serait resté, à l'interface des deux langages, sur le fait que les propriétés des programmes démontrées dans une partie de la démonstration étaient bien celles utilisées dans l'autre.

Cette difficulté à assurer la correction des démonstrations a été soulignée de manière plus radicale par les douze mathématiciens chargés de vérifier la correction du théorème de Hales. Après plusieurs années de travail, ils ont déclaré, avec une formule nouvelle en mathématiques, la démonstration correcte avec un degré de certitude de 99 %.

La bonne manière de lever tout doute sur la correction de la démonstration du théorème des quatre couleurs était d'utiliser un programme de vérification de démonstrations. Cette piste a été explorée par Georges Gonthier et Benjamin Werner en 2005 : ils ont réécrit la démonstration de Sanders, Seymour, Robertson et Thomas dans le programme Coq, un programme de vérification de démonstrations fondé sur le calcul des constructions, qui est une extension de la théorie des types de Martin-Löf. Dans cette démonstration, certaines notions sont définies de manière non calculatoire, puis par un algorithme, comme nous l'avons vu pour la notion de nombre composé au chapitre XI. Ces définitions par des algorithmes constituent l'analogue des programmes d'Appel et Haken. La démonstration d'équivalence des notions calculatoires et non calculatoires constitue la démonstration de correction de ces programmes. Mais ces démonstrations de correction de programmes sont exprimées dans le même langage que le reste de la démonstration du théorème, ce qui fait que l'ensemble de la démonstration est exprimé dans un langage unique et ce qui élimine la principale forme d'erreur redoutée dans les démonstrations précédentes : les erreurs dans l'écriture des programmes.

Cette démonstration peut-elle être erronée ? Bien entendu, car aucune vérification par un mathématicien ou par une machine n'est absolument sûre et le programme Coq pourrait être lui-même erroné et accepter des démonstrations fausses. En revanche, une forme d'erreur potentielle a été éliminée : les erreurs dans l'écriture des programmes.

Plusieurs tentatives de réécrire la démonstration du théorème de Hales dans un programme de vérification de démonstrations ont commencé au début du XXIe siècle. On pense que plusieurs années seront nécessaires pour parvenir à une démonstration complète.

La taille des démonstrations et le théorème de Church

Toutes ces critiques à l'encontre de ces démonstrations d'un nouveau genre ont amené à poser la question de l'existence d'une démonstration courte, par exemple pour le théorème des quatre couleurs. Les plus conservateurs observent que, depuis vingt-cinq siècles que les mathématiques existent, les démonstrations courtes ont prouvé leur efficacité, et qu'il n'y a pas de raison de penser que le théorème des quatre couleurs n'ait pas, comme les autres théorèmes, de démonstration courte. Les plus enragés observent que les démonstrations courtes ont été l'unique outil dont disposaient les mathématiciens jusqu'au XXe siècle et que l'on ne peut pas comparer l'efficacité des démonstrations courtes et des démonstrations longues en se fondant sur l'observation d'une période historique pendant laquelle les outils manquaient pour construire des démonstrations longues. Cette discussion doit-elle rester informelle, ou les mathématiques elles-mêmes peuvent-elles l'éclairer ?

La théorie de la calculabilité apporte une certaine lumière sur cette question de la taille des démonstrations, même si cette lumière est encore faible. On peut, en effet, se demander s'il existe un lien entre la taille d'une proposition et la taille de ses démonstrations. À cette question, la théorie de la calculabilité apporte une réponse et cette réponse est malheureusement négative. Le théorème de Church a, en effet, comme conséquence l'existence de théorèmes dont l'énoncé est de longueur *n* et dont la plus courte démonstration a au moins la longueur $1\,000n$, ou même 2^n. Encore une fois, raisonnons par l'absurde et supposons que toutes les propositions démontrables aient une démonstration de longueur inférieure à 2^n, où n est la longueur de la proposition elle-même. Dans ce cas, il y existerait un algorithme pour décider si une proposition a une démonstration ou non puisque les textes de taille inférieure à 2^n sont en nombre fini. Une simple énumération de ces textes fournirait un algorithme pour décider si la proposition a une démonstration de taille inférieure à 2^n, donc une démonstration tout court, en contradiction avec le théorème de Church.

Certes, cet argument ne dit rien sur le cas particulier du théorème des quatre couleurs, et les seuls exemples de propositions courtes qui n'ont que des démonstrations longues que donne la théorie de la calculabilité sont des exemples artificiels construits pour démontrer ce théorème. En revanche, cela montre que l'on ne peut pas feindre de croire que toutes les mathématiques sont « faciles », c'est-à-dire que tout ce qui est démontrable est démontrable en quelques pages. Tous les scientifiques souhaitent trouver des explications simples aux phénomènes qu'ils observent mais, parfois, les phénomènes sont complexes, et il faut faire avec.

Démontrer qu'un théorème n'a que de longues démonstrations ?

Cette question présente certaines ressemblances avec une autre question qui s'est posée plus tôt dans l'histoire des mathématiques. Une autre conséquence du théorème de Church est le célèbre théorème d'incomplétude de Gödel qui, quoique démontré en 1931, c'est-à-dire cinq ans avant, peut être vu comme une simple conséquence du théorème de Church. Comme pour l'hypothèse que toutes les propositions démontrables ont une démonstration courte, un simple argument d'énumération montre que l'hypothèse que toute proposition est ou bien démontrable ou bien réfutable en théorie des ensembles est contradictoire avec le théorème de Church. Il existe donc des propositions qui ne sont ni démontrables ni réfutables en théorie des ensembles. En 1931, quand Gödel a démontré ce théorème, les seuls exemples de propositions indéterminées en théorie des ensembles étaient des exemples artificiels, construits pour démontrer ce théorème. Ce n'est que dans les années soixante, avec les travaux de Paul Cohen, que l'on s'est rendu compte qu'un vieux problème mathématique sur lequel Georg Cantor s'était cassé les dents à la fin du XIXe siècle, l'« hypothèse du continu », était un exemple de proposition indéterminée.

Cela suggère un programme de recherche pour les années à venir : démontrer que le théorème des quatre couleurs ou le théorème de Hales, ou peut-être un autre théorème, n'ont pas de démonstration courte. Il faut bien admettre, cependant, que l'on voit mal, pour le moment, comment attaquer ce problème.

À la conquête de nouveaux espaces

Si l'on voulait formuler la démonstration d'Appel et Haken en utilisant des axiomes et des règles de déduction uniquement, on obtiendrait une démonstration de plusieurs dizaines de millions de pages. En revanche, cette démonstration demande quelques dizaines de pages si on la formule en utilisant des axiomes, des règles de déduction et des règles de calcul. Et c'est parce que cette démonstration courte existe qu'Appel et Haken ont pu démontrer ce théorème. Le théorème de Church a également comme conséquence que, dans une telle théorie définie par des axiomes, des règles de déduction et des règles de calcul, il existe aussi des propositions qui n'ont que des démonstrations longues. Pour ces propositions, les règles de calcul ne serviront à rien. Il y a donc divers degrés dans la difficulté de démontrer une proposition :

– certaines propositions ont des démonstrations axiomatiques courtes,

– certaines n'ont pas de démonstrations axiomatiques courtes, mais qui ont des démonstrations courtes en recourant au calcul,

– d'autres n'ont que des démonstrations longues, y compris en recourant au calcul.

Tous les théorèmes mathématiques, jusqu'aux années soixante-dix se trouvaient dans la première catégorie. Depuis les années soixante-dix, on commence peut-être à explorer la deuxième, mais le recours au calcul ne nous ouvrira pas les portes de la troisième. Ces portes semblent aujourd'hui irrémédiablement fermées.

Avant de conclure de manière hâtive, rappelons-nous que pour un mathématicien de la première moitié du XXe siècle, dépourvu d'ordinateur, les portes de la deuxième catégorie aussi semblaient irrémédiablement fermées.

CHAPITRE XIII

Les instruments

Les astronomes observaient le ciel à l'œil nu, jusqu'à ce que, au début du XVIIe siècle, Galilée ait l'idée de fabriquer une lunette – ou, disent certains, d'orienter une longue-vue vers le ciel. Les biologistes ont, de même, obervé les organismes vivants à l'œil nu, avant qu'Antonie Van Leeuwenhoek utilise un microscope. Dans l'histoire de nombre de sciences, on distingue ainsi deux périodes, séparées par l'introduction du premier instrument.

Jusque dans les années soixante-dix, les mathématiques étaient quasiment la seule science à n'utiliser aucun instrument. Les mathématiciens, à la différence de leurs collègues en blouse blanche, n'avaient besoin que d'un tableau noir et d'un morceau de craie pour faire avancer la science. Cette singularité s'expliquait par le fait que les jugements mathématiques sont analytiques, et donc ne demandent aucune interaction avec la nature, en particulier aucune mesure. Or les lunettes, les microscopes, les chambres à bulles… sont essentiellement des instruments de mesure, c'est-à-dire des instruments qui prolongent les facultés de nos sens. Il était normal de ne pas avoir besoin de tels instruments en mathématiques.

En 1976, les mathématiques sont entrées dans la période instrumentée de leur histoire. Les instruments utilisés par les mathématiciens, les ordinateurs, ne sont pas des instruments qui prolongent les facultés de nos sens, mais qui prolongent les capacités de notre entendement : notre faculté de raisonner et, surtout, de calculer.

L'introduction d'un instrument dans une science est davantage un changement quantitatif que qualitatif. Il y a beaucoup de points communs entre l'observation des satellites de Jupiter avec une lunette et l'observation de la Lune à l'œil nu. On pourrait imaginer que nous ayons de meilleurs yeux et que nous puissions voir les satellites de Jupiter, comme la Lune, à l'œil nu. De même, alors que nous sommes limités à quelques milliers de pages pour les démonstrations que nous pouvons construire à la main, l'ordinateur repousse cette limite à quelques millions de pages. Cependant, l'utilisation d'instruments a, bien souvent, transformé la science. Par exemple, l'observation des satellites de Jupiter par Galilée avec sa lunette a révolutionné l'astronomie, car le fait que ces satellites tournent autour de Jupiter a permis de réfuter la thèse que tous les astres tournent autour de la Terre.

L'utilisation d'instruments commence, de même, à changer les mathématiques.

Des résultats expérimentaux en mathématiques

Que l'utilisation d'un instrument apporte des connaissances mathématiques suggère qu'un jugement peut, contre toute attente, être à la fois *a posteriori* et analytique.

Quand on effectue un calcul avec un ordinateur ou une

calculatrice, on utilise un objet physique – l'ordinateur, la calculatrice – et on l'observe. De telles observations sont nécessaires pour établir des jugements synthétiques, par exemple pour établir que la Terre a un satellite.

En revanche, de telles observations ne sont pas nécessaires pour établir des jugements analytiques, comme 2 + 2 = 4, mais surtout, elles ne semblent pas suffisantes.

Comment peut-on établir que 2 + 2 est égal à 4 par une expérience ? Imaginons une calculatrice simple, que chacun peut fabriquer avec une boîte de chaussures et quelques balles de ping-pong. La méthode pour ajouter deux nombres *n* et *p* avec cette calculatrice consiste à mettre d'abord *n* balles de ping-pong dans la boîte, à en ajouter *p* et à compter le nombre de balles dans la boîte. Imaginons que nous mettions d'abord deux balles de ping-pong dans la boîte, puis deux autres. En comptant les balles présentes dans la boîte à l'issue de la manipulation, nous obtenons le résultat : 4. Une alternative est d'utiliser un boulier ou de compter sur ses doigts.

Cette expérience suffit-elle à démontrer la proposition « 2 + 2 = 4 » ? En toute rigueur, non. Car le fait que deux plus deux soit égal à quatre signifie que, quand on met deux objets dans une boîte, puis deux autres, il y a quatre objets dans la boîte, quels que soient ces objets, la forme de la boîte, la température et la pression. Il faudrait donc répéter l'expérience une infinité de fois en remplaçant les balles de ping-pong par des balles de tennis, des enclumes ou des licornes.

Pourtant, cette expérience semble mener à la conclusion, non seulement que, ici et maintenant, il y a quatre balles de ping-pong dans la boîte, ce qui est un jugement synthétique, mais aussi que 2 + 2 = 4, c'est-à-dire que dans tous les mondes possibles, si l'on met deux objets, puis deux encore dans une boîte, il y en a quatre à la fin, ce qui est un jugement analytique. Comment est-il possible de déduire un jugement analytique d'une expérience ?

Pour déduire de cette expérience que 2 + 2 = 4, il semble nécessaire d'établir, par un raisonnement, que si, dans un unique cas, en mettant deux objets dans une boîte, puis deux encore, on en obtient quatre, le résultat sera identique dans tous les autres cas. C'est-à-dire que si l'on répète l'expérience sur la planète Mars, en remplaçant les balles de ping-pong par des balles de tennis, le résultat sera le même.

Une manière de le faire est de démontrer que 2 + 2 est un nombre entier, c'est-à-dire qu'il vaut ou bien 0, ou bien 1, ou bien 2, ou bien 3, ou bien 4, ou bien 5… Si l'expérience que nous avons faite ne permet pas de déduire directement que 2 + 2 est égal à 4, elle semble suffisante pour réfuter que 2 + 2 soit égal à 0, à 1, à 2, à 3, à 5, à 6… Si bien qu'en mettant bout à bout le fait que 2 + 2 est un nombre et celui que ce nombre n'est ni 0, ni 1, ni 2, ni 3, ni 5, ni 6… on semble pouvoir déduire que ce nombre est 4. Il semble donc possible de déduire un jugement analytique d'une expérience.

Établir, par une expérience, que 2 + 2 = 4 est un jugement analytique *a posteriori*. Et le théorème des quatre couleurs et le théorème de Hales sont d'autres exemples de jugements analytiques *a posteriori*.

Des souffleries comme calculateurs analogiques

Quand on a pris conscience de l'existence de tels jugements analytiques *a posteriori*, on s'aperçoit que l'on en utilise depuis longtemps. Par exemple, on est amené à considérer d'un œil nouveau de nombreuses « expériences » que l'on mène dans les sciences de la nature, comme les essais en soufflerie utilisés en aéronautique.

Pour le comprendre, disons tout d'abord quelques mots sur les expériences dans les sciences de la nature en général. La base de la démarche expérimentale est d'émettre des hypothèses. On peut, comme Nicolas Copernic ou Galilée, émettre l'hypothèse que la trajectoire des planètes autour du Soleil est un cercle ou, comme Kepler, supposer que cette trajectoire est une ellipse, mais on peut aussi émettre les hypothèses plus farfelues que cette trajectoire est un carré ou un triangle: rien n'interdit d'émettre une hypothèse.

Il est rare qu'une hypothèse soit directement vérifiable par une expérience ou une observation. En revanche, ce qui fait que l'astronomie est une science est que ces hypothèses permettent de faire des prédictions. Supposer que la trajectoire des planètes est un cercle ou une ellipse a comme conséquence que, si l'on oriente sa lunette vers un certain point du ciel à une certaine date, on verra un point lumineux ou non. Une prédiction met l'hypothèse en danger: si la prédiction ne se réalise pas, l'hypothèse – plus exactement, au moins une hypothèse parmi celles qui ont permis cette prédiction – est réfutée. Par exemple, l'hypothèse selon laquelle les trajectoires des planètes sont des cercles a été réfutée par des observations faites par Tycho Brahé et exploitées par Kepler.

Cette existence de prédictions vérifiables, qui permettent d'éliminer certaines hypothèses et d'en garder d'autres, distingue les sciences de la nature des théories spéculatives sur la nature. Une théorie de la nature qui ne permet pas de faire de prédictions observables reste une spéculation et il n'y a aucune raison de la préférer à d'autres. Tous les débats sur le caractère scientifique ou spéculatif de telle ou telle théorie du psychisme sont centrés autour de cette idée qu'une théorie scientifique doit permettre de faire des prédictions vérifiables.

Quand on fait une expérience pour mettre une hypothèse à l'épreuve, on se trouve dans une situation paradoxale, car on connaît le résultat prédit par la théorie. Si l'on l'ignorait, cette expérience serait « inutile », puisqu'elle ne permettrait pas d'éprouver les hypothèses.

En revanche, quand on fait un essai en soufflerie, par exemple pour mesurer la vitesse de l'écoulement de l'air autour d'une aile d'avion, on ignore le résultat prédit par la théorie, et c'est précisément parce qu'on l'ignore que l'on fait cet essai. On ne cherche pas à éprouver la mécanique des fluides : si c'était le cas, il faudrait remplacer l'aile d'avion par une forme plus simple, de manière que l'on puisse déterminer le résultat prédit par la théorie et le comparer à celui de l'expérience. Ces essais en soufflerie ne sont donc pas des expériences au sens que l'on donne à ce mot dans les sciences de la nature.

Si l'on ne cherche pas à éprouver les lois de la mécanique des fluides, que cherche-t-on ? Simplement à connaître la vitesse de l'écoulement de l'air autour de l'avion. On peut donc tenter l'hypothèse que, quand on fait un tel essai, on cherche à obtenir un résultat par une mesure directe, sans référence à une quelconque théorie. Cette hypothèse, quoique parfois valable, n'est pas satisfaisante en général, car elle suppose que l'on essaie l'aile d'avion en situation réelle, ce qui est rarement le cas. En général, il est trop cher de fabriquer une aile d'avion aux dimensions réelles et l'on fait l'essai avec une maquette.

Cette réduction d'échelle est encore plus frappante quand on fait, sur une paillasse, un essai pour observer la vitesse de l'écoulement de la lave sur les pentes d'un volcan. Pour tenir compte de ce changement d'échelle, on simule la lave par un liquide moins visqueux. De ce fait, le résultat d'un tel essai doit toujours s'interpréter à la lumière d'une théorie. Par exemple, si l'on divise la taille d'un volcan par mille, on a besoin d'une théorie pour savoir s'il faut simuler la lave par un liquide mille fois plus visqueux, ou mille fois moins visqueux, ou encore un million de fois moins visqueux.

Une autre tentative d'explication du rôle de ces essais semble plus satisfaisante : on part d'un système, par exemple une aile d'avion, et d'un problème, par exemple celui de connaître la vitesse de l'écoulement de l'air autour de cette aile d'avion. On ne peut pas, pour des raisons pratiques, faire l'essai en situation réelle. On tente alors d'utiliser la théorie pour résoudre le problème. La théorie permet de reformuler le problème comme un problème mathématique, mais celui-ci est trop difficile à résoudre à la main. On utilise alors la théorie une seconde fois pour concevoir une maquette du système, c'est-à-dire un autre système physique, dont la formalisation mathématique est identique ou similaire à celle du problème initial, et l'essai avec la maquette donne la solution du problème mathématique, donc celle du problème initial.

La maquette sur laquelle on fait l'essai est donc une machine à résoudre un problème mathématique, bien souvent un problème qui peut être résolu par un calcul, mais un calcul trop long pour être effectué à la main. Puisque le but est de faire un calcul, il n'y a donc pas à s'étonner que l'on ait, dans bien des cas, remplacé ces « essais » en soufflerie par des « simulations » sur ordinateur. En revanche, les expériences et les mesures, comme celles de Tycho Brahé sur les positions des planètes, ne pourront jamais être remplacées par des calculs effectués à l'aide d'ordinateurs, puisque le but est de récolter des informations sur la nature.

Ces essais en soufflerie, comme les calculs effectués avec des ordinateurs, permettent d'établir des jugements analytiques *a posteriori* : analytiques car ils permettent de résoudre des problèmes mathématiques, et *a posteriori* car ils reposent sur une interaction avec la nature.

Les connaissances qui ont permis de construire les instruments

Nous avons vu, au chapitre XII, que l'utilisation d'instruments pour faire des mathématiques, par exemple pour démontrer le théorème des quatre couleurs ou le théorème de Hales, avait amené des questions pratiques relatives à la certitude des résultats obtenus. Cette interrogation en rejoint une autre, plus abstraite, qui est une conséquence du fait que ces jugements sont analytiques *a posteriori*.

Une importante différence sépare les connaissances construites en mathématiques de celles construites dans les sciences de la nature. En mathématiques, une fois qu'un théorème est démontré, il l'est pour toujours. Par exemple, les pythagoriciens ont démontré, il y a deux mille cinq cents ans, que le carré d'un nombre entier ne pouvait pas être le double d'un autre, et cette démonstration est toujours valable.

Dans les sciences de la nature, en revanche, on n'établit pas les connaissances par une démonstration mais en émettant des hypothèses, en éliminant les hypothèses qui mènent à des prédictions non réalisées dans les expériences et en gardant les autres. Les hypothèses gardées sont provisoires, car elles sont toujours à la merci d'une réfutation par une nouvelle expérience. Le savoir, dans les sciences de la nature, est donc conjectural par nature. Cela explique que certaines théories des sciences de la nature aient été abandonnées, comme l'astronomie de Ptolémée ou la théorie médiévale de l'*impetus* – qui expliquait que le mouvement d'une pierre lancée avec une fronde se poursuivait même après que la fronde avait cessé son action sur la pierre par le fait que celle-ci s'était imprégnée d'un élan, ou *impetus*, en tournant dans la fronde –, et que d'autres, comme la mécanique newtonienne, aient été retouchées.

Or, en utilisant des instruments en mathématiques, on fait reposer des connaissances mathématiques sur des connaissances sur la nature, c'est-à-dire des connaissances analytiques sur des connaissances synthétiques. Les connaissances ainsi établies ont-elles la même fiabilité que les connaissances établies par la seule démonstration, comme le fait que le carré d'un nombre entier n'est jamais le double d'un autre ?

Prenons un exemple. Pour effectuer une multiplication sur une calculatrice, il faut d'abord fabriquer cette calculatrice. Pour cela, il faut fabriquer des semi-conducteurs et des transistors dont le fonctionnement est décrit par la physique quantique. La correction du résultat de la multiplication faite avec la calculatrice, contrairement à celui d'une multiplication effectuée mentalement, et peut-être à celui d'une multiplication faite sur une feuille de papier, est donc conditionnée par la correction de la physique quantique. Et cette théorie, comme toute théorie des sciences de la nature, sera peut-être réfutée un jour. Est-il raisonnable de faire reposer des connaissances mathématiques sur des connaissances révisables ?

Pourtant, quand nous effectuons une multiplication mentalement et, indépendamment, avec une calculatrice et que nous obtenons deux résultats différents, nous sommes plus enclins à penser que nous avons fait une erreur de calcul qu'à penser que nous venons de réfuter la physique quantique. Se défier, dans un pareil cas, du résultat de la multiplication effectuée avec la calculatrice serait aussi surprenant que se défier du résultat d'une multiplication effectuée sur une feuille de papier, en suspectant l'encre du stylo d'être sympathique et certains chiffres du résultat de s'être effacés.

Paradoxalement, alors que l'utilisation d'outils devrait rendre les résultats moins sûrs, nous avons vu que l'utilisation de programmes de calcul formel et de programmes de vérification de démonstrations a permis de trouver de petites erreurs dans les calculs de Delaunay ou de Newton. L'analyse semble indiquer que l'utilisation d'instruments introduit une potentialité d'erreur, alors que l'observation montre qu'elle permet de corriger des erreurs. Comment expliquer ce paradoxe ?

Il semble que l'hypothèse, que nous faisons spontanément et qui est à l'origine de ce paradoxe, est celle que, à la différence du calcul effectué avec un instrument, un calcul mental ne comporte pas de possibilité d'erreur, car il n'utilise que les ressources de notre entendement si parfait. On se méfie, à juste titre, des perceptions de nos sens – qui peuvent être des hallucinations – et des généralisations hâtives que l'on peut faire à partir de ces observations – toujours à la merci d'une réfutation par une nouvelle observation. Mais une tradition philosophique qui place la conscience de notre propre entendement à la source de toute réflexion philosophique, car l'existence de cet entendement est la seule chose dont on ne peut douter, incite à une confiance exagérée dans la performance de cet entendement qui, malheureusement, tout autant que les sens, peut faire des erreurs, en particulier des erreurs de calcul.

L'entrée des mathématiques dans leur ère instrumentée incite donc, non à accorder une confiance excessive dans les instruments utilisés, mais à restreindre prudemment la confiance, parfois exagérée, que nous avons en nous-mêmes : nous aussi, nous pouvons faire des erreurs.

L'ordinateur et le millionnaire

Ce chapitre consacré à l'utilisation d'instruments en mathématiques ne serait pas complet si l'on ne disait quelques mots de la manière dont ces instruments ont changé l'organisation du travail mathématique. Sur ce point, il semble que la thèse de Church, qui n'a pas d'équivalent pour les autres instruments utilisés dans les sciences, fait que ce changement diffère, en mathématiques, de ce qu'il a été dans les sciences de la nature.

Dans les sciences de la nature, on utilise des lunettes et des thermomètres, des télescopes et des oscilloscopes, des accélérateurs de particules et des chambres à bulles. Qui fabrique ces instruments ? Essentiellement, les scientifiques qui en ont besoin. Certes, ils ne fabriquent pas ces outils tout seuls sur une île déserte et, quand ils ont besoin d'une vis ou d'un boulon, ils l'achètent. De même, la fabrication des lentilles des lunettes utilisées par les astronomes, des longues-vues ou des jumelles de théâtre repose sur des procédés similaires et, pour fabriquer une lunette, les astronomes achètent parfois des lentilles à des ateliers qui en fabriquent également pour les marins et les amateurs d'opéra. La production des outils utilisés en sciences n'est donc pas déconnectée de la production industrielle mais, pour l'essentiel, les scientifiques ont besoin d'outils si spécifiques qu'ils sont contraints de les fabriquer eux-mêmes, souvent en un exemplaire unique. Ces outils sont donc, pour la plupart, artisanaux. Et, quand on se promène dans un laboratoire de physique ou de biologie, on voit des objets que l'on ne voit nulle part ailleurs.

On pourrait imaginer qu'il en est de même pour les outils qu'utilisent les mathématiciens, ce qui a été le cas aux débuts de l'informatique. Les premiers ordinateurs ont été fabriqués par Turing, Von Neumann... qui étaient mathématiciens, en un exemplaire unique, et on ne trouvait d'outils similaires nulle part ailleurs. Mais aujourd'hui, quand on se promène dans un laboratoire de mathématiques ou d'informatique, on trouve les mêmes ordinateurs que dans n'importe quel bureau. Le plus étonnant, quand on visite un tel laboratoire, est qu'il n'y a rien d'étonnant.

Le fait que les mathématiciens utilisent des outils ordinaires s'explique en partie par la thèse de Church. Nous avons vu que, selon cette thèse, tous les algorithmes qui peuvent être effectués par un être humain ou par une machine peuvent être exprimés par un ensemble de règles de calcul, donc par un ordinateur du commerce. L'ordinateur est une machine universelle qui peut exécuter tous les algorithmes. Cela explique que les mêmes ordinateurs soient utilisés pour écrire du courrier, créer des images, composer de la musique, faire ses comptes... et faire des calculs mathématiques.

Cette explication est néanmoins partielle, car il se pourrait que – bien qu'ils soient tous universels – différents types d'ordinateurs fassent différents calculs plus ou moins rapidement. Dans ce cas, différents types d'ordinateurs pourraient servir à écrire du courrier, à créer des images, à composer de la musique... Et cette idée de fabriquer des ordinateurs spécialisés plus rapides pour certains types de calculs, en particulier pour les calculs symboliques – des calculs qui portent sur des données autres que des nombres, comme des expressions fonctionnelles, des règles de calcul ou des démonstrations mathématiques –, a vécu jusqu'à la fin des années soixante-dix.

Ces projets ont été abandonnés parce que ces ordinateurs ont été fabriqués de manière artisanale par de petites équipes dans des laboratoires, alors que les ordinateurs du commerce étaient fabriqués par des équipes composées de milliers de personnes, dans des usines, selon des méthodes industrielles. Si un ordinateur fabriqué dans un laboratoire permettait de réduire le temps nécessaire pour faire des calculs symboliques de 20 %, le temps qu'il soit fabriqué, les ordinateurs du commerce avaient réduit le temps nécessaire pour effectuer n'importe quel calcul de 50 %, et l'ordinateur artisanal était obsolète avant d'être achevé.

Quand le coût de conception d'un objet est élevé, mais que le coût de production de chaque unité est faible, on a intérêt à utiliser un modèle fabriqué en grande série, même s'il n'est pas optimal, plutôt que de tenter de se singulariser. Car l'effort de développement que peuvent investir des centaines de millions d'utilisateurs potentiels est supérieur de beaucoup à celui que peuvent investir quelques centaines de spécialistes.

Le monde moderne présente bien des produits de ce type : les téléphones mobiles étaient frustes quand ils étaient réservés aux gens riches et leur diffusion a permis leur perfectionnement et le développement de leurs réseaux. Ils sont beaucoup plus performants que s'ils étaient restés le privilège d'un petit nombre. Si un millionnaire voulait se faire construire un téléphone et un réseau pour lui seul, malgré ses millions, il aurait un système moins performant que celui auquel il a accès en utilisant le même téléphone et le même réseau que tout le monde : en téléphonie, comme en pharmacie ou en aéronautique, il n'y a pas de produits de luxe.

De même, la diffusion des ordinateurs a fait que les mathématiciens ont tout intérêt à utiliser les mêmes ordinateurs que tout le monde pour effectuer leurs calculs.

Il y a là une véritable nouveauté dans la manière dont on utilise les instruments dans les sciences. À l'époque où les instruments étaient si spécifiques qu'ils étaient contraints de rester artisanaux, l'activité scientifique était relativement autonome par rapport à l'activité industrielle : la thermodynamique était nécessaire pour fabriquer de meilleures machines à vapeur, mais la machine à vapeur n'était pas nécessaire pour faire de la meilleure thermodynamique. Désormais, ce n'est plus le cas.

CHAPITRE XIV

En finir avec les axiomes ?

Dans les années soixante-dix, l'idée qu'une démonstration ne se construit pas uniquement avec des axiomes et des règles de déduction, mais aussi avec des règles de calcul, est apparue simultanément dans plusieurs domaines des mathématiques et de l'informatique : dans la théorie des types de Martin-Löf, dans la conception de programmes de démonstration automatique et de programmes de vérification de démonstrations, et dans les mathématiques de terrain, en particulier avec la démonstration du théorème des quatre couleurs. Comme souvent, cette nouvelle idée n'est pas apparue d'emblée dans toute sa généralité ni dans toute sa simplicité, car elle est apparue dans des contextes particuliers auxquels elle a été mêlée : les spécialistes de la théorie des types de Martin-Löf la voyaient comme un appendice de la théorie des définitions, les concepteurs de programmes de démonstration automatique comme un outil pour rendre les méthodes de démonstration automatique plus efficaces, les concepteurs de programmes de vérification de démonstrations comme un moyen d'éviter de petites étapes faciles dans les démonstrations, les mathématiciens de terrain comme un moyen d'utiliser des ordinateurs pour démontrer de nouveaux théorèmes.

Quelques années après l'apparition d'une nouvelle idée, il est naturel de s'interroger sur sa portée et sur la manière de l'exprimer dans le cadre le plus général possible. C'est ce qui nous a amenés, Thérèse Hardin, Claude Kirchner et moi, à reformuler, à la fin des années quatre-vingt-dix, cette idée qu'une démonstration mathématique ne se construit pas uniquement avec des axiomes et des règles de déduction, mais aussi avec des règles de calcul, dans le cadre le plus général qui soit : la logique des prédicats. Cela nous a amenés à définir une extension de la logique des prédicats, appelée la « déduction modulo », en tout point semblable à la logique des prédicats, sauf qu'une démonstration s'y construit avec ces trois ingrédients.

Reprendre cette idée à la base, dans la fraîcheur de la logique des prédicats et non dans les cadres sophistiqués de la théorie des types ou de la démonstration automatique, nous a permis d'entreprendre un travail d'unification et de classification. Notre but initial était d'unifier différentes méthodes de démonstration automatique, en particulier les méthodes de Plotkin et de Huet. Nous avons poursuivi ce travail d'unification avec Werner en unifiant différents théorèmes d'élimination des coupures, en particulier ceux de Gentzen et de Girard. Différentes variantes de la théorie des types également se révèlent *a posteriori* ne différer que par les règles de calcul qu'elles autorisent.

Le plus surprenant dans cette aventure est qu'elle nous a permis de ressusciter une partie du programme de Hilbert, condamné par le théorème de Church, car ajouter des règles de calcul permet, dans certains cas, de se passer d'axiomes. Par exemple, le fait que l'expression $0 + x$ se transforme en x par un calcul permet de se passer de l'axiome $0 + x = x$ et comme

Church l'avait déjà remarqué, la règle de bêta-réduction permet de se passer de l'axiome de bêta-conversion.

Nous avons découvert, avec une certaine surprise, que de nombreux axiomes pouvaient être remplacés par des règles de calcul, ce qui laisse entrevoir un nouveau programme : en logique des prédicats, une démonstration est construite avec des axiomes et des règles de déduction ; en déduction modulo, elle l'est avec des axiomes, des règles de déduction et des règles de calcul. Pourquoi ne pas aller plus loin : supprimer les axiomes et construire les démonstrations avec des règles de déduction et des règles de calcul uniquement ?

La présence des axiomes est à l'origine de nombreuses difficultés, par exemple en démonstration automatique, mais aussi dans la théorie de l'élimination des coupures. Les axiomes empoisonnent les mathématiques depuis Hilbert, sinon depuis Euclide. Cela amène à rêver d'une nouvelle logique dans laquelle une démonstration serait construite avec des règles de déduction et des règles de calcul, mais sans axiome. Le programme de Hilbert visait à s'affranchir des axiomes et des règles de déduction. Il était trop ambitieux et a échoué. Mais s'affranchir des axiomes tout en gardant les règles de déduction serait déjà un progrès important.

Le calcul nous permettra-t-il de nous débarasser un jour des axiomes ou, malgré le calcul, serons-nous toujours contraints de leur laisser une place dans l'édifice mathématique ?

CONCLUSION

Au terme de ce périple

Parvenus au terme de ce périple, nous pouvons jeter un regard sur les problèmes non résolus que nous avons rencontrés et qui esquissent peut-être un panorama des recherches futures.

Nous avons vu que la théorie de la calculabilité permet de montrer que, dans toutes les théories, il existe des propositions démontrables et courtes qui n'ont que des démonstrations longues, mais que les exemples proposés, à ce jour, par cette théorie étaient artificiels : les méthodes que nous connaissons sont trop rudimentaires pour nous permettre de démontrer que de véritables théorèmes mathématiques, comme le théorème des quatre couleurs, le théorème de Hales ou d'autres, n'ont pas de démonstration courte. Il y a donc ici de nouvelles méthodes à inventer. Et le débat philosophique sur le lien entre démonstration et explication serait grandement éclairé si l'on était capable d'affirmer que tel ou tel théorème n'a pas de démonstration axiomatique courte.

Une deuxième question, à laquelle nous ne savons pas encore apporter de réponse, concerne la possibilité de se passer complètement des axiomes en mathématiques. Quand on les compare aux règles de calcul, les axiomes apparaissent comme des objets statiques : ils sont là, ils sont vrais et ils sont immobiles. À l'inverse, les règles de calcul nous permettent de faire des choses, de raccourcir des démonstrations, d'en faire de nouvelles… et surtout, à travers la notion de confluence, elles interagissent les unes avec les autres. De ce fait, il y a lieu de se réjouir à chaque fois que l'on réussit à remplacer un axiome par une règle de calcul. Cependant, que nous souhaitions le faire n'implique pas que ce soit toujours possible. Il se peut que, dans certains cas, nous soyons contraints de laisser une place aux axiomes. Dans quels cas ? C'est ce qu'il reste à découvrir.

La thèse de Church nous a amenés à entrevoir une nouvelle manière de formuler les lois de la nature, non plus sous forme de propositions, mais sous forme d'algorithmes. Si reformuler la loi de Newton en mécanique ou la loi d'Ohm en électricité ne devrait pas être trop difficile, il y aura davantage de travail pour des théories plus récentes, comme la physique quantique. Mais on peut parier que ce travail permettra de voir ces théories sous une lumière nouvelle, peut-être plus concrète.

Nous avons vu que la thèse de Church expliquait une partie de la déraisonnable efficacité des mathématiques dans les sciences de la nature, mais une partie seulement. Par exemple, si elle semble expliquer pourquoi la gravitation est un phénomène mathématisable, elle ne semble pas expliquer les mystérieuses symétries de la physique des particules. Il reste à caractériser ce que la thèse de Church explique et ce qu'elle n'explique pas.

Depuis les années soixante-dix et la démonstration du théorème des quatre couleurs, mais surtout depuis la multiplication des démonstrations fortement calculatoires ces dix dernières années, nous avons pris conscience que l'utilisation d'instruments permet de repousser les limites que la technologie de la craie et du tableau noir imposait naguère à la taille des démonstrations. Personne ne peut dire encore lesquels, parmi les grands problèmes ouverts des mathématiques, seront résolus en recourant à ces instruments et lesquels seront résolus en utilisant des technologies traditionnelles. En particulier, il n'est pas évident que les ordinateurs apporteront autant de nouveaux résultats dans toutes les branches des mathématiques. Certaines ont peut-être davantage besoin du calcul que d'autres. Il reste à découvrir lesquelles.

La certitude que ces démonstrations construites avec des ordinateurs sont correctes ne viendra sans doute que de l'utilisation de programmes de vérification de démonstrations. Dans ce domaine, les progrès sont quotidiens et il est vraisemblable qu'une preuve complète du théorème de Hales sera disponible avant quelques années. Arrivera-t-on alors au point ou chaque mathématicien pourra utiliser de tels programmes sans en être un spécialiste ?

Enfin, on peut s'interroger sur l'impact que ce retour du calcul aura sur la forme de la rédaction mathématique. De la même manière que les livres de physique décrivent aujourd'hui des expériences que le lecteur peut, plus ou moins, refaire, les livres de mathématiques du futur évoqueront peut-être des calculs effectués à l'aide d'instruments, que le lecteur pourra refaire avec ses propres instruments s'il veut se convaincre de leur correction. Et ces lecteurs seront peut-être surpris quand des notes historiques leur apprendront que, jusqu'à la fin du XXe siècle, les mathématiciens n'utilisaient pas d'instrument et résolvaient tous les problèmes à mains nues.

Annexes

Repères biographiques

Les éléments qui suivent se limitent volontairement aux travaux en rapport avec le sujet de ce livre, et qui sont parfois marginaux dans l'œuvre des personnes citées. Les personnes sont présentées par ordre chronologique, sauf pour les contemporains qui sont présentés par ordre alphabétique.

Thalès de Milet (v. 625-v. 546 av. J.-C.) est considéré comme le fondateur de la géométrie. Il aurait mesuré la hauteur d'une pyramide d'Égypte en mesurant la longueur de son ombre sur le sol.

Anaximandre de Milet (v. 610-v. 546 av. J.-C.) serait le premier à avoir utilisé le concept d'« illimité » d'où proviennent nos concepts d'espace et d'infini.

Pythagore (v. 580-v. 490 av. J.-C.) est considéré comme le fondateur de l'arithmétique. Un de ses disciples aurait démontré qu'un carré ne peut pas être le double d'un autre.

Platon (v. 427-v. 347 av. J.-C.) a insisté sur la faculté de la conscience d'accéder d'elle-même à certaines connaissances sur la nature.

Aristote (384-322 av. J.-C.) est l'auteur de la théorie du syllogisme.

Euclide (v. 325-v. 265 av. J.-C.) est l'auteur d'un traité, les *Éléments*, qui expose l'essentiel du savoir de son époque en géométrie. Son nom est associé aux axiomes de la géométrie, à la méthode axiomatique et à un algorithme permettant de calculer le plus grand diviseur commun de deux nombres.

Archimède (287-212 av. J.-C.) a donné un encadrement de l'aire du disque et déterminé celle du segment de parabole.

Ptolémée (v. 90-v. 168) a proposé un modèle géocentrique de l'Univers.

Abu Ja'far Muhammad ibn Musa al-Khwarizmi (v. 780-v. 850) est l'auteur d'un livre, *Le Calcul Indien*, à l'origine de la diffusion de l'écriture positionnelle dans le monde arabe, puis en Europe. Le mot « algorithme » est dérivé de son nom.

Nicolas Copernic (1473-1543) a proposé, contre la conception dominante selon laquelle la Terre était immobile au centre de l'Univers, une théorie selon laquelle la Terre et les autres planètes tournent autour du Soleil – théorie qui a des antécédents dans l'Antiquité. Dans la théorie de Copernic, les trajectoires des planètes sont des cercles, non des ellipses.

François Viète (1540-1603) est l'un des premiers à avoir utilisé des opérations consistant à ajouter ou multiplier une infinité de nombres. Il est l'un des inventeurs de la notion de variable.

Tycho Brahé (1546-1601) a mesuré les positions des planètes avec une précision sans précédent. Ses mesures ont été exploitées par Kepler.

Simon Stevin (1548 ou 1549-1620) est l'un des premiers à avoir utilisé les opérations consistant à ajouter ou à multiplier une infinité de nombres. Il est aussi l'un des promoteurs de l'écriture positionnelle pour les nombres à virgule.

Galilée (1564-1642) est l'un des premiers à avoir utilisé les mathématiques en physique. Il a proposé l'idée selon laquelle le grand livre de la nature était écrit en langage mathématique. Il est l'un des premiers à avoir utilisé des instruments en astronomie. Il est, pour ces deux raisons, considéré comme le fondateur de la science moderne : mathématisée et expérimentale. On lui doit la première observation des satellites de Jupiter, donc la réfutation de l'idée que tous les astres tournent autour de la Terre. Il a soutenu, comme Copernic et contre Kepler, que la trajectoire des planètes était des cercles et non des ellipses.

Johannes Kepler (1571-1630) a montré que les trajectoires des planètes n'étaient pas des cercles, mais des ellipses. Il est l'auteur d'une conjecture sur la manière optimale d'empiler des sphères, démontrée en 1998 par Hales.

René Descartes (1596-1650) a proposé de repérer la position d'un point par des nombres : ses coordonnées. Son « Je pense donc je suis » est un exemple de jugement synthétique *a priori* par lequel l'esprit accède de lui-même à une connaissance sur le monde.

Bonaventura Cavalieri (1598-1647) est l'auteur d'une géométrie des indivisibles qui annonce le calcul intégral.

Pierre de Fermat (1601-1665) est l'auteur d'un théorème, le petit théorème de Fermat, selon lequel si a est un nombre entier et p un nombre premier, alors p est un diviseur de $a^p - a$, et d'une conjecture, le grand théorème de Fermat, selon lequel si n est un nombre entier supérieur ou égal à 3, alors il n'existe pas de nombres entiers strictement positifs x, y et z tels que $x^n + y^n = z^n$, démontrée en 1994 par Wiles.

Blaise Pascal (1623-1662) est l'auteur d'un algorithme permettant de calculer les coefficients binomiaux : le triangle de Pascal.

Antonie Van Leeuwenhoek (1632-1723) est l'un des premiers à avoir utilisé un microscope en biologie.

Isaac Newton (1642-1727) est, avec Leibniz, l'un des fondateurs du calcul intégral.

Gottfried Wilhelm Leibniz (1646-1716) est, avec Newton, l'un des fondateurs du calcul intégral. On lui doit une tentative de formalisation de la logique qui préfigure celle de Frege.

David Hume (1711-1776) est l'auteur d'un principe selon lequel deux ensembles ont le même nombre d'éléments si l'on peut mettre leurs éléments en correspondance.

Emmanuel Kant (1724-1804) a proposé l'idée selon laquelle les jugements mathématiques sont synthétiques *a priori*. Cette idée a été combattue un siècle plus tard par Frege.

Carl Friedrich Gauss (1777-1855) est l'auteur d'un algorithme permettant de résoudre des systèmes d'équations linéaires : le pivot de Gauss. Il est l'un des précurseurs des géométries non euclidiennes.

Nikolaï Lobatchevski (1792-1856) est l'auteur d'une géométrie non euclidienne, dans laquelle une droite peut avoir plusieurs parallèles passant par un même point.

János Bolyai (1802-1860) est l'auteur d'une géométrie non euclidienne, dans laquelle une droite peut avoir plusieurs parallèles passant par un même point.

Charles-Eugène Delaunay (1816-1872) a étudié le mouvement de la Lune.

Leopold Kronecker (1823-1891) a défendu la thèse selon laquelle chaque objet mathématique doit être construit en un nombre fini d'étapes à partir des nombres entiers. Ce qui fait de lui un précurseur du constructivisme.

Bernhard Riemann (1826-1866) est l'auteur d'une géométrie non euclidienne dans laquelle une droite n'a aucune parallèle.

Francis Guthrie (1831-1899) a formulé le problème des quatre couleurs.

Richard Dedekind (1831-1916) a proposé une des premières définitions des nombres entiers et également une des premières définitions des nombres réels.

Dmitri Mendeleïev (1834-1907) est l'auteur d'une classification des éléments chimiques.

Charles Sanders Peirce (1839-1914) est l'un des inventeurs de la notion de quantificateur.

Georg Cantor (1845-1918) est le fondateur de la théorie des ensembles. Il a démontré qu'il y a plus de nombres réels que de nombres entiers, c'est-à-dire qu'il n'existe pas de bijection entre l'ensemble des nombres entiers et celui des nombres réels. Il a tenté de démontrer l'« hypothèse du continu », c'est-à-dire que l'ensemble des nombres réels est le plus petit ensemble infini après celui des entiers.

Gottlob Frege (1848-1925) est l'auteur d'une logique qui est la première ébauche de la logique des prédicats.

Alfred Kempe (1849-1922) est l'auteur d'une démonstration fausse du théorème des quatre couleurs.

Henri Poincaré (1854-1912) a proposé l'idée selon laquelle les axiomes d'une théorie sont des « définitions déguisées » des concepts de cette théorie. Ses travaux sur le problème des trois corps ont ouvert la voie à la théorie des systèmes dynamiques. Il est considéré comme l'un des précurseurs du constructivisme.

Giuseppe Peano (1858-1932) est l'un des premiers à avoir proposé des axiomes pour la théorie des nombres entiers.

Frank Morley (1860-1937) est le premier à avoir formulé le théorème selon lequel les points d'intersection des trisectrices d'un triangle forment un triangle équilatéral.

M. Satyanarayana est le premier à avoir démontré le théorème de Morley.

Percy Heawood (1861-1955) est l'auteur de plusieurs contributions au problème des quatre couleurs : il a montré que la démonstration de Kempe était fausse, il a démontré que cinq couleurs suffisaient pour colorier une carte et il a démontré le théorème des sept couleurs, équivalent du théorème des quatre couleurs pour les cartes dessinées, non sur un plan ou une sphère, mais sur un tore.

Alfred North Whitehead (1861-1947) a développé la théorie des types avec Russell dans un important traité : les *Principia Mathematica*.

Cesare Burali-Forti (1861-1931) est l'auteur d'un paradoxe qui montre que la logique de Frege est contradictoire.

David Hilbert (1862-1943) a donné sa forme définitive à la logique des prédicats. Il a formulé le problème de la décision, résolu négativement par Church et Turing. Il a proposé un programme, trop ambitieux, visant à remplacer le raisonnement par le calcul. Il s'est opposé au projet constructiviste de Brouwer.

Ernst Zermelo (1871-1953) a proposé des axiomes pour la théorie des ensembles, que l'on utilise encore.

Bertrand Russell (1872-1970) a proposé un paradoxe, plus simple que celui de Burali-Forti, qui montre que la logique de Frege est contradictoire. Sa théorie des types, qui corrige la logique de Frege, annonce à la fois la logique des prédicats et la théorie des ensembles. Il a proposé la thèse d'universalité des mathématiques.

Luitzen Egbertus Jan Brouwer (1881-1966) est le fondateur du constructivisme. Il est à l'origine, avec Heyting et Kolmogorov, de l'interprétation algorithmique des démonstrations.

Thoralf Skolem (1887-1963) a proposé un algorithme pour décider la démontrabilité de toutes les propositions de la théorie des nombres entiers dans lesquelles figure la multiplication, mais pas l'addition.

Arend Heyting (1898-1980) est à l'origine, avec Brouwer et Kolmogorov, de l'interprétation algorithmique des démonstrations.

Haskell Curry (1900-1982) a proposé une modification des fondations des mathématiques proposées par Church qui évite les paradoxes. Avec de Bruijn et Howard, il a renouvelé l'interprétation algorithmique des démonstrations en proposant d'exprimer les démonstrations dans le lambda-calcul.

Alfred Tarski (1902-1983) a proposé un algorithme pour décider la démontrabilité de toutes les propositions de la théorie des nombres réels dans lesquelles figurent à la fois l'addition et la multiplication.

Andreï Kolmogorov (1903-1987) est à l'origine, avec Brouwer et Heyting, de l'interprétation algorithmique des démonstrations.

Alonzo Church (1903-1995) a proposé l'une des définitions de la notion de fonction calculable : le lambda-calcul. Il a démontré avec Rosser la confluence du lambda-calcul. Il a démontré, avec Kleene, et en même temps que Turing, l'indécidabilité du problème de l'arrêt. Il a démontré, en même temps que Turing, l'indécidabilité de la démontrabilité dans la logique des prédicats. Il a proposé l'idée selon laquelle la notion commune d'algorithme est capturée par le lambda-calcul et ses équivalents. Sa proposition de fonder les mathématiques sur le lambda-calcul a échoué, mais elle anticipe certains travaux ultérieurs. Il a reformulé la théorie des types de Russell en incorporant certaines idées issues du lambda-calcul pour aboutir à la théorie des types de Church.

John von Neumann (1903-1957) a fait partie de l'équipe qui a construit l'un des premiers ordinateurs : l'ENIAC.

Mojzesz Presburger (1904-1943) a proposé un algorithme pour décider la démontrabilité de toutes les propositions de la théorie des nombres entiers dans lesquelles figure l'addition, mais pas la multiplication.

Kurt Gödel (1906-1978) a montré que n'importe quelle théorie pouvait se traduire en théorie des ensembles. Il a proposé avec Herbrand une définition de la notion de calculabilité : les équations de Herbrand et Gödel. Il a montré que les mathématiques constructives et non constructives pouvaient cohabiter dans une même logique. Son célèbre théorème d'incomplétude, qui annonce le théorème de Church, montre qu'il existe des propositions qui ne sont ni démontrables ni réfutables en théorie des types et dans bien d'autres théories.

John Barkley Rosser (1907-1989) a démontré, avec Church, la confluence du lambda-calcul. Il a démontré, avec Kleene, que les fondations des mathématiques proposées par Church étaient contradictoires.

Jacques Herbrand (1908-1931) est l'auteur, avec Gödel, d'une définition de la notion de calculabilité : les équations de Herbrand et Gödel. Le théorème de Herbrand anticipe le théorème d'élimination des coupures de Gentzen. Il a également anticipé l'algorithme d'unification de Robinson.

Stephen Cole Kleene (1909-1994) est l'auteur de l'une des définitions de la notion de calculabilité : la notion de fonction récursive. Il a montré avec Church, et en même temps que Turing, l'indécidabilité du problème de l'arrêt. Il a montré, avec Rosser, que les fondations des mathématiques proposées par Church étaient contradictoires. Il est l'un des premiers à avoir compris les rapports entre constructivité et calculabilité.

Gerhard Gentzen (1909-1945) est l'auteur d'un algorithme d'élimination des coupures dans les démonstrations de la logique des prédicats sans axiome et dans la théorie des nombres entiers.

Alan Turing (1912-1954) est l'auteur d'une des définitions de la notion de calculabilité fondée sur la notion de machine de Turing. Il a démontré, indépendamment de Church et Kleene, l'indécidabilité du problème de l'arrêt. Il a démontré, indépendamment de Church, l'indécidabilité de la démontrabilité dans la logique des prédicats. Il a proposé une thèse proche de la thèse de Church. Il a fait partie de l'équipe qui a construit l'un des premiers ordinateurs : Colossus.

Robin Gandy (1919-1995) a précisé la forme physique de la thèse de Church et en a donné une démonstration sous certaines hypothèses sur la nature.

Nicolas Bourbaki est le pseudonyme collectif d'un groupe de mathématiciens (fondé en 1935) qui a écrit un important traité de mathématiques. Ce traité a introduit la notation $\mapsto$ pour les fonctions, par exemple $x \mapsto x \times x$ pour la fonction qui, à un nombre, associe son carré.

Peter Andrews a proposé d'incorporer l'axiome de bêta-conversion à l'algorithme d'unification afin de construire une méthode de recherche de démonstrations pour la théorie des types de Church.

Kenneth Appel a démontré, avec Haken, le théorème des quatre couleurs.

John Barrow a entrevu le lien entre la thèse de Church et l'efficacité des mathématiques dans les sciences de la nature.

Peter Bendix est l'auteur, avec Knuth, d'une méthode pour transformer un ensemble d'axiomes de la forme $t = u$ en un ensemble confluent de règles de calcul.

Robert Boyer est l'auteur, avec Moore, du système ACL, fondé sur une formalisation des mathématiques qui contient un langage de programmation comme sous-langage.

Nicolaas Govert de Bruijn est l'auteur du premier système de vérification de démonstrations: le système Automath. Avec Curry et Howard, il a renouvelé l'interprétation algorithmique des démonstrations en proposant d'exprimer les démonstrations dans le lambda-calcul.

Noam Chomsky a proposé de définir les grammaires comme des méthodes de calcul.

Paul Cohen a démontré que l'hypothèse du continu était indéterminée en théorie des ensembles.

Thierry Coquand est l'auteur, avec Huet, du calcul des constructions, qui étend la théorie des types de Martin-Löf.

David Deutsch a insisté sur le fait que la forme physique de la thèse de Church était un énoncé portant sur la nature. Il a entrevu le lien entre la thèse de Church et l'efficacité des mathématiques dans les sciences de la nature.

Gilles Dowek est l'auteur, avec Kirchner et Hardin, de la déduction modulo et d'une méthode de démonstration automatique dont plusieurs méthodes antérieures sont des cas particuliers. Il a démontré, avec Werner, un théorème d'élimination des coupures pour la déduction modulo dont plusieurs théorèmes antérieurs sont des cas particuliers.

Jean-Yves Girard a participé, avec Tait et Martin-Löf, au développement de la théorie de l'élimination des coupures à la fin des années soixante et au début des années soixante-dix. Il a, en particulier, étendu le théorème d'élimination des coupures à la théorie des types de Church.

Georges Gonthier est l'auteur, avec Werner, d'une démonstration du théorème des quatre couleurs dans le programme Coq.

Wolfgang Haken a démontré, avec Appel, le théorème des quatre couleurs.

Thomas Hales a démontré une conjecture posée par Kepler en 1610 selon laquelle, en empilant des sphères, on ne peut jamais utiliser plus de 74 % de l'espace ($\pi\sqrt{2}/6$).

Thérèse Hardin est l'auteur, avec Kirchner et Dowek, de la déduction modulo et d'une méthode de démonstration automatique dont plusieurs méthodes antérieures sont des cas particuliers.

William Alvin Howard a renouvelé, avec Curry et de Bruijn, l'interprétation algorithmique des démonstrations en proposant d'exprimer les démonstrations dans le lambda-calcul.

Gérard Huet a incorporé l'axiome de bêta-conversion à l'algorithme d'unification. Il est l'auteur, avec Thierry Coquand, du calcul des constructions qui étend la théorie des types de Martin-Löf.

Claude Kirchner est l'auteur, avec Hardin et Dowek, de la déduction modulo et d'une méthode de démonstration automatique dont plusieurs méthodes antérieures sont des cas particuliers.

Donald Knuth est l'auteur, avec Bendix, d'une méthode pour transformer un ensemble d'axiomes de la forme $t = u$ en un ensemble confluent de règles de calcul.

William McCune est l'auteur du programme EQP, qui a démontré un théorème relatif à l'équivalence de différentes définitions de la notion d'algèbre de Boole qu'aucun être humain n'avait démontré avant lui.

Per Martin-Löf a participé, avec Tait et Girard, au développement de la théorie de l'élimination des coupures à la fin des années soixante et au début des années soixante-dix. Il est l'auteur d'une théorie des types constructive dans laquelle la notion d'« égalité par définition » donne un rôle de premier plan à la notion de calcul.

Robin Milner est l'auteur du programme LCF, premier programme de vérification de démonstrations de correction de programmes et de circuits.

J. Strother Moore est l'auteur, avec Boyer, du système ACL, fondé sur une formalisation des mathématiques qui contient un langage de programmation comme sous-langage.

Roger Penrose a suggéré l'idée que la théorie quantique de la gravitation pourrait évoluer, dans le futur, vers une théorie incompatible avec la forme physique de la thèse de Church et que les phénomènes non calculables mis en évidence par cette nouvelle physique pourraient être à l'œuvre dans le cerveau.

Gordon Plotkin a incorporé l'axiome d'associativité à l'algorithme d'unification afin de construire une méthode de recherche de démonstrations.

Neil Robertson est l'auteur, avec Sanders, Seymour et Thomas, de la deuxième démonstration du théorème des quatre couleurs.

Alan Robinson est l'auteur d'une méthode de démonstration automatique, la résolution, qui recherche des démonstrations dans la logique des prédicats.

George Robinson est l'auteur, avec Larry Wos, d'une méthode de démonstration automatique, la paramodulation, qui cherche des démonstrations dans la logique des prédicats avec les axiomes de l'égalité.

Daniel P. Sanders est l'auteur, avec Robertson, Seymour et Thomas, de la deuxième démonstration du théorème des quatre couleurs.

Paul Seymour est l'auteur, avec Robertson, Sanders et Thomas, de la deuxième démonstration du théorème des quatre couleurs.

Ronald Solomon a achevé la démonstration du théorème de classification des groupes simples, qui comporte 15 000 pages réparties dans plusieurs centaines d'articles écrits par plusieurs dizaines de mathématiciens.

William Tait a participé, avec Martin-Löf et Girard, au développement de la théorie de l'élimination des coupures à la fin des années soixante et au début des années soixante-dix.

Robin Thomas est l'auteur, avec Robertson, Sanders et Seymour, de la deuxième démonstration du théorème des quatre couleurs.

Benjamin Werner est l'auteur, avec Gonthier, d'une démonstration du théorème des quatre couleurs dans le programme Coq. Il a démontré, avec Dowek, un théorème d'élimination des coupures pour la déduction modulo dont plusieurs théorèmes antérieurs sont des cas particuliers.

Andrew Wiles a démontré le théorème de Fermat

Larry Wos est l'auteur, avec George Robinson, d'une méthode de démonstration automatique, la paramodulation, qui recherche des démonstrations dans la logique des prédicats avec les axiomes de l'égalité.

Bibliographie

Chapitre I

Maurice Caveing, *Essai sur le savoir mathématique dans la Mésopotamie et l'Égypte anciennes*, Presses universitaires de Lille, 1994.

Amy Dahan-Dalmédico et Jeanne Peiffer, *Une Histoire des mathématiques*, Le Seuil, coll. « Points sciences », 1986.

Chapitre II

Jean-Luc Chabert *et al.*, *Histoires d'algorithmes, du caillou à la puce*, Belin, 1994.

Ahmed Djebbar, *L'Âge d'or des sciences arabes*, Le Pommier/Cité des sciences et de l'industrie, 2005.

Gottfried Wilhelm Leibniz, *La Naissance du calcul différentiel*, Introd., trad. et notes par Marc Parmentier, préface de Michel Serres, Vrin, 1989.

Chapitre III

René Cori et Daniel Lascar, *Logique mathématique*, Dunod, 2003.

Gottlob Frege, *Écrits logiques et philosophiques*, Le Seuil, 1971.

Gilles Dowek, *La Logique*, Flammarion, 1995.

Paul Gochet et Pascal Gribomont, *Logique*, vol. 1, Hermès, 1992.

Chapitre IV

Piergiorgio Odifreddi, *Classical Recursion Theory*, North Holland, 1992-1999, 2 vol.

Alan Turing, *La Machine de Turing*, présenté par Jean-Yves Girard, Le Seuil, 1995.

Ann Yasuhara, *Recursive Function Theory and Logic*, Academic Press, 1971.

Chapitre V

John D. Barrow, *Pourquoi le monde est-il mathématique ?*, Odile Jacob, 1996.

David Deutsch, *L'Étoffe de la réalité*, Cassini, 2003.

Robin Gandy, Church's thesis and the principles for mechanisms, in J. Barwise, H.J. Keisler et K. Kunen, *The Kleene Symposium*, North Holland, 1980, pp. 123-148.

Roger Penrose, *L'Esprit, l'ordinateur et les lois de la physique*, Interéditions, 1992.

Chapitre VI

Peter B. Andrews, *An Introduction to Mathematical Logic and Type Theory: To Truth Through Proof*, Kluwer Academic Publishers, 2e éd., 2002.

Hendrik Peter Barendregt, *The Lambda Calculus : Its Syntax and Semantics*, North Holland, éd. rev., 1984.

Jean-Louis Krivine, *Lambda-calcul, types et modèles*, Masson, 1990.

Chapitre VII

Michael A.E. Dummett, *Elements of Intuitionism*, Oxford University Press, 2e éd., 2000.

Jean Largeault, *L'Intuitionisme*, Presses universitaires de France, coll. « Que sais-je ? », 1992.

Chapitre VIII

Jean-Yves Girard, « Une extension de l'interprétation de Gödel à l'analyse et son application à l'élimination des coupures dans l'analyse et la théorie des types », in *Proceedings of the Second Scandinavian Logic Symposium*, North-Holland, Amsterdam, 1971, p. 63-92.

Jean-Yves Girard, Yves Lafont et Paul Taylor, *Proofs and Types*, Cambridge University Press, 1989.

M.E. Szabo (éd.), *The Collected Papers of Gerhard Gentzen*, North Holland, 1969.

Chapitre IX

Thierry Coquand et Gérard Huet, « The calculus of constructions », *Information and Computation*, vol. 76, 1988, p. 95-120.

Per Martin-Löf, *Intuitionistic Type Theory*, Bibliopolis, 1984.

Bengt Nordström, Kent Petersson et Jan M. Smith, *Programming in Martin-Löf's Type Theory*, Oxford University Press, 1990.

Chapitre X

Franz Baader et Tobias Nipkow, *Term Rewriting and All That*, Cambridge University Press, 1998.

Nachum Dershowitz et Jean-Pierre Jouannaud, « Rewrite systems », in Jan Van Leeuwen (éd.), *Handbook of Theoretical Computer Science*, vol. B, *Formal Models and Semantics*, Elsevier and MIT Press, 1990, p. 243-320.

Gérard Huet, « A unification algorithm for typed lambda-calculus », *Journal of Theoretical Computer Science*, 1975, vol. 1, p. 27-58.

Claude et Hélène Kirchner, *Résolution d'équations dans les algèbres libres et les variétés équationnelles d'algèbres*, thèse de doctorat de troisième cycle, université Henri-Poincaré, Nancy 1, 1982.

Donald E. Knuth et Peter B. Bendix, « Simple Word Problems in Universal Algebra », in John Leech (éd.), *Computational Problems in Abstract Algebra*, Pergamon Press, 1970, pp. 263-297.

Gordon Plotkin, « Building-in equational theories », *Machine Intelligence*, vol. 7, 1972, p. 73-90.

John Alan Robinson, « A machine-oriented logic based on the resolution principle », *J. ACM* 12 (1), 1965, p. 23-41.

Alan Robinson et Andrei Voronkov (éd.), *Handbook of Automated Reasoning*, Elsevier, 2001.

George Robinson et Lawrence Wos, « Paramodulation and theorem-proving in first-order theories with equality », in D. Michie et B. Meltzer, *Machine Intelligence*, vol. IV, Edinburgh University Press, 1969, p. 135-150.

Chapitre XI

Yves Bertot et Pierre Castéran, *Interactive Theorem Proving and Program Development : Coq'Art : The Calculus Of Inductive Constructions* Springer-Verlag, 2004.

Keith Devlin, *Mathematics : The New Golden Age*, Penguin Book, 1988.

Jacques Fleuriot et Lawrence C. Paulson, « Proving Newton's proposition Kepleriana using geometry and nonstandard analysis in Isabelle », in Xiao-Shan Gao, Dongming Wang et Lu Yang (éd.), *Automated Deduction in Geometry*, Springer, 1999, p. 47-66.

Michael Gordon, Robin Milner et Christopher Wadsworth, « A mechanized logic of computation », Springer Verlag, 1979.

Rob Nederpelt, Herman Geuvers et Roel De Vrijer, *Selected Papers on Automath*, Elsevier, 1994.

Chapitre XII

Kenneth Appel et Wolfgang Haken, « Every planar map is four colorable », *Illinois Journal of Mathematics*, vol. 21, 1977, p. 429-567.

Samuel R. Buss, « On Gödel theorems on length of proofs, I : number of lines and speedup for arithmetics », *The Journal of Symbolic Logic*, vol. 39, 1994, p. 737-756.

Claude Gomez, Bruno Salvy et Paul Zimmermann, *Calcul formel : mode d'emploi*, Masson, 1995.

Georges Gonthier, *A Computer-checked Proof of the Four Colour Theorem*, manuscrit.

Thomas C. Hales, « Historical overview of the Kepler conjecture », *Discrete Computational Geometry*, vol. 36, 2006, p. 5-20.

Benjamin Werner, « La vérité et la machine », in Étienne Ghys et Jacques Istas, *Images des mathématiques*, CNRS, 2006.

Chapitre XIII

Herbert Wilf, *Mathematics : An Experimental Science*, manuscrit, 2005.

Chapitre XIV

Gilles Dowek et Benjamin Werner, « Proof normalization modulo », *The Journal of Symbolic Logic*, vol. 68, n° 4, 2003, p. 1289-1316.

Gilles Dowek, Thérèse Hardin et Claude Kirchner, « Theorem proving modulo », *Journal of Automated Reasoning*, vol. 31, 2003, p. 33-72.

Index

Achevé d'imprimer sur les presses de

BUSSIÈRE

GROUPE CPI

à Saint-Amand-Montrond (Cher)
en février 2007

N° d'édition : 00324-01/1.
N° d'impression : 070770/1.
Dépôt légal : mars 2007.

Imprimé en France